영유아 교육기관 현장실습

Practice in
Early Childhood Education

머리말

현장실습에는 유치원 교사가 되기 위한 학교 현장실습과 어린이집 교사가 되기 위한 보육실습이 있다. 예비 유아 교사가 이수하게 되는 이 두 가지 현장실습 과정은 유아교육기관의 교사가 되기 위한 필수 교육과정이다. 즉 현장실습은 예비 유아 교사가 대학에서 배운 이론을 현장에 적용하면서 교사로서 필요한 자질과 태도를 익히고 자신의 교사 이미지를 형성해 가는 힘들지만 중요한 시간이 된다. 더욱이 2017년도부터 보육실습의 최소 기간이 기존의 4주에서 6주로 늘어났다. 이는 실습을 강화함으로써 예비 유아 교사들이 현장에 대해 더 많이 알고 배울 수 있는 기회를 갖고 전문적이고 인성적인 자질을 익히도록 하기 위함이다.

이 책은 제1장 현장실습의 이해, 제2장 현장실습의 준비, 제3장 현장실습의 내용, 제4장 현장실습 기관 구성원과의 관계 형성, 제5장 현장실습의 평가, 제6장 현장실습의 사후 관리로 구성되어 있다. 그리고 부록에는 현장실습에 필요한 서류와 실습일지를 수록하여 현장실습 교과목 운영과 유아교육기관 현장에서 실습지도에 활용할 수 있도록 하였다.

특히 이 책은 현장실습을 담당하는 대학의 교수, 유아교육기관인 유치원과 어린이집, 실습생이 실습 과정에서 일어날 수 있는 다양한 상황에 대처하고 참고 자료로 활용할 수 있는 실질적인 내용을 중심으로 집필하였다.

이 책이 현장실습에 관련된 많은 분들에게 조금이나마 지침서의 역할을 하길 바라며, 이 책이 나올 수 있도록 많은 도움을 준 파워북 관계자 분들에게도 감사를 드린다.

저자 일동

차례

CHAPTER

01

현장실습의 이해

현장실습의 개념 | 현장실습의 목표 | 현장실습의 의의 | 현장실습의 종류 및 법적 기준 | 현장실습의 유형 및 내용

CHAPTER 01

현장실습의 이해

현장실습은 교사가 되고자 하는 사람은 누구나 거쳐야 하는 통과 의례이다. 즉 유아교육법과 영유아교육법에 고시된 교사 자격 취득을 위한 과정으로 반드시 이수해야 되는 형식적 의미와 영유아 교사가 되기 위한 교사 역할의 기본을 경험할 수 있는 기회로서의 실제적 의미가 담긴 중요한 교육의 과정이다.
이 장에서는 현장실습의 개념과 목적, 의의를 살펴보고, 현장실습의 종류와 법적인 기준, 실습 유형 등을 살펴보고자 한다.

1 현장실습의 개념

최근 현장실습은 일반적으로 유치원에서 실습을 수행해야 되는 학교 현장실습과 어린이집과 유치원의 종일반에서 실습을 실시할 수 있는 보육실습으로 운영되고 있다. 즉 교원 양성 기관이나 대학에서 배운 교수학습 이론을 실제에 적용해 봄으로써 예비 교사로서 갖추어야 할 지식, 기술, 태도 등의 실천적 지식을 습득하는 구체적 과정이다. 또한 실제 교육현장에서 배우는 교수, 지도, 관리 등의 일련의 교직 경험을 쌓을 수 있는 모든 교육과정을 의미한다.

교육부와 산학협력정책연구소에서 발간한 『대학생 현장실습 운영 매뉴얼』(2017)에 의하면 현장실습이란 「고등교육법」 제2조의 각호에 따른 학교와 현장실습 기관이 공동으로 참여하여 산업체 현장에서 학생에게 이론의 적용, 실무교육 및 실습 등을 실시하는 산학 협력 교육과정이라고 정의하였다.

류진희(2000)는 현장실습이란 교직을 희망하는 학생이 실제 교육 현장에서 대학의 지도 교수와 실습 기관의 지도 교사에게 지도를 받으며 교사로서의 역할을 경험해 보는 교육 활동이라고 하였다. 즉 예비 영유아 교사들이 교사로서 갖추어야 할 지식, 기술, 태도 등을 실제 교육 현장에서 직간접적으로 배우는 교사 양성 교육과정으로 보았다. 이명순(2001)은 현장실습이란 교육자로서의 첫출발을 의미하며 실습 경험을 통하여 교사로서의 역할과 직무를 수행해 봄으로써 단순한 기술적인 수련에 그치지 않고 교사의 입장에서 교육 전반에 걸친 내용과 문제점을 파악하고 이해하게 되며 피교육자로서의 영유아를 이해하게 되는 과정이라고 하였다. 또한 조상일(1997)은 교육실습은 교사 양성과정의 필수이며, 종합적인 실천 과정으로서 교사 양성 대학에서 소정의 과정을 이수한 교육실습생이 대학과 실습 기관의 협력을 통해 유아교육 현장에서 실습지도 교수와 실습지도 교사의 지도를 받으며, 유아의 실태 파악, 교재·교구 연구 및 자료 준비, 교육 계획안 작성, 학습지도 및 생활지도, 학급 운영 관리 등을 실제로 체험함으로써 수업 및 학급 운영에 필요한 교사의 역할을 배우는 중요한 교사 양성과정이라고 하였다(정남미, 2015 재인용).

따라서 현장실습은 예비 영유아 교사가 일정 기간 영유아교육기관 현장에서 실무를 익히며 실제 교사로서의 역할과 태도를 준비하는 과정이자 영유아 교사로 입문하기 위해 직간접적으로 배우는 모든 과정이라고 할 수 있다.

❷ 현장실습의 목표

현장실습은 영유아 교사가 되기 위해 반드시 거쳐야 하는 필수 과정으로 대학에서 배운 이론을 현장에 적용하면서 교사로서 필요한 자질과 태도를 익히고 자신의 교사 이미지를 형성하는 시간이다.

이연섭 외(2004)는 현장실습의 목적을 형식적 목적과 내용적 목적으로 구분하였다. 형식적 목적은 법규적 측면에서의 목적으로 유치원 2급 정교사 자격 취득과 보육 교사 2급 자격 취득을 위한 과정으로 「교원자격검정령 시행 규칙」과 「유아교육법」, 「영유아보육법 시행 규칙」에서 명시하고 있다.

내용적 목적으로는 현장실습이 교사로서 필요한 기본 자세를 익히고 경험하는 소중한 시간이므로 실습을 통해 다음의 목적을 달성할 것을 강조하고 있다.

첫째, 수업 능력이 향상되어야 한다.
둘째, 합리적인 지도 기술의 연마가 이루어져야 한다.
셋째, 숭고한 교직자 정신의 확립을 이루어야 한다.
넷째, 교사로서 자기 이해와 자기 검증을 해야 한다.

전경원과 황혜성(2004)은 실습의 목적을 영유아교육의 이론과 실제의 접목, 실제적 교직 경험을 통해 수업 및 학급 운영에 필요한 자질과 능력을 갖추고, 교직의 이해, 교사의 직무에 대한 이해, 인간관계의 이해, 지역 사회 이해, 유아교육 현장의 이해, 교사로서 자신의 적성과 능력에 대한 자기 평가의 기회를 갖는 것이라고 하였다(정남미, 2015 재인용).

교육부와 산학협력정책연구소에서 발간한 『대학생 현장실습 운영 매뉴얼』(2017)에서는 실습생이 현장실습을 참여하는 목적을 다음과 같이 제시하고 있다.

첫째, 학교에서 배운 전공 이론과 지식, 기술을 산업체 현장에 실제 적용해 보는 직무교육을 통해 실무에 능동적으로 적응할 수 있는 능력을 함양할 수 있다.

둘째, 전공 직무 체험을 통해 진로 탐색과 직업 선택에 도움을 받을 수 있다.

셋째, 전공 분야 취업을 위한 적응력을 함양하고 기술을 습득하여 실무에 능동적으로 적응함으로써 전공 분야 역량을 강화하여 취업에 연계될 수 있다.

또한 실습 기관이 현장실습에 참여하는 목적으로는 다음과 같다.

첫째, 전공 지식을 갖춘 현장실습생을 통해 기관은 도움을 받을 수 있다.

둘째, 우수한 인력을 조기에 확보할 수 있다.

셋째, 현장실습을 통해 일정 기간 체계적인 인력 검증으로 초기 재교육 없이 실습생을 고용할 수 있다.

넷째, 사회에 필요한 인재를 양성하여 지역 사회에 공헌할 수 있다.

교사가 되기 위해 필수적으로 거쳐야 할 현장실습의 구체적인 목표를 살펴보면 다음과 같다(교육부·산학협력정책연구소, 2017; 보건복지부·한국보육진흥원, 2017; 박은혜·조운주, 2014; 정연희·오임숙·이은숙, 2013; 김유정·유은석·하정희, 2011; 선미현, 2008; 전경원·황혜성, 2004).

첫째, 영유아 교사로서 자신의 교육철학과 교직관을 형성하고 발전시킨다.

둘째, 영유아 교사의 특성과 역할 및 책임을 이해하며 영유아 교사로서의 신념을 발전시킨다.

셋째, 영유아 교사로서 필요한 실천적이고 전문적인 지식 및 기술을 습득한다. 영유아교육에 대한 목표 인식, 수업 계획 및 교수방법 습득, 교수자료 경험, 영유아들에 대한 이해 심화, 영유아들의 성장과 발전 촉진, 영유아 행동지도, 학급 환경 구성, 영유아교육기관의 일과 운영, 효율적인 평가, 의사소통 기술 습득, 창의적인 문제해결 기술 발달 등이 이에 속한다.

넷째, 연령과 발달 수준에 적합한 구체적인 교육 내용, 놀이 중심의 상호 작용, 영유아의 흥미를 고려한 효과적인 교수법 등을 관찰하고 직접 수행해 본다.

다섯째, 영유아 교사로서 자신의 장단점 및 적성을 파악하여 향후 진로를 탐색할 수 있다.

여섯째, 영유아교육기관의 환경을 이해한다. 영유아교육기관과 관련된 인적·물적 환경에 대해 잘 이해할 수 있다. 즉 교사, 영유아, 학부모 등의 다양한 인적 환경과 시설과 환경, 교재와 교구 등의 물리적 환경을 파악할 수 있다.

일곱째, 실습 기관과 가정, 지역 사회와의 연계를 경험하고, 기관의 조직 문화 등을 이해한다.

❸ 현장실습의 의의

현장실습생은 영유아교육기관에서 출퇴근이 정해진 규칙적인 생활, 지도교사와 교직원, 영유아, 학부모들과 새롭고 넓은 인간관계 형성, 다양한 업무, 영유아와의 직접적인 상호 작용 경험과 지도 등의 과정을 통해 영유아 교사로서 필요한 지식과 기술을 획득하고 영유아에 대한 이해를 높이게 된다.

실습생은 현장실습을 통하여 영유아 교사로서 자신의 적성을 파악하거나 교사의 자질로서 갖추어야 될 기본 능력과 태도의 변화를 느낄 수 있다. 또한 실습생은 자신의 변화를 통해 영유아 교사로서 자신감을 갖고, 교사로서의 이미지를 구축할 수 있는 기회를 갖는다고 하였다(염지숙, 2003).

이와 같은 측면에서 현장실습의 의의를 살펴보면 다음과 같다.

첫째, 현장실습은 교사 양성 교육과정에서 이루어지는 모든 교과목의 통합이며, 이론과 실제의 통합 과정이며 연계 과정이다. 현장실습을 통해 교육 활동을 수행해 봄으로써 대학에서 배운 교양, 전공, 교직과정 등을 통합시키고 대학에서 배운 학습 이론을 실제에 적용해 봄으로써 교육 현장을 연결해 준다.

둘째, 현장실습은 교육자로서의 첫출발이다. 현장실습 중에 실습생은 교사로서의 역할과 직무를 수행해 봄으로써 교사의 입장에서 교육 전반에 걸친 내용과 문제점을 파악하는 기회를 갖는다.

셋째, 현장실습은 전문직으로서의 교직을 체계적으로 수행하기 위한 참여 교육과정이다. 즉 대학의 교수와 실습 교사의 지도 아래 교사로서 모든 교육상의 내적·외적 활동을 경험하게 되며, 이를 통해 교사로서의 직업적 소양과 능력, 전문적 기술을 익히게 된다.

넷째, 현장실습은 실습생의 자기 이해 및 자기 평가의 과정이며, 교사로서의 자신의 능력을 시험해 보고 도전해 보는 시간이다. 이 과정을 통해 자신감을 얻기도 하며, 부족한 부분을 발견하고 노력해야 한다는 각오를 다지는 시간이 된다.

다섯째, 현장실습은 새로운 학습의 장이다. 영유아들과 구체적인 상황들 속에서 직접 체험하며 배우는 학습 공간이다. 자신이 행하는 것에 대해 구체적인 피드백을 제공받기도 하며 학교에서 배웠던 것을 실행해 보면서 교직 생활을 느끼는 시간이 된다.

여섯째, 현장실습을 성공적으로 끝냈다는 자신감은 향후 갖게 될 직업에 대해 긍정적인 태도를 갖게 한다.

교육부와 산학협력정책연구소에서 발간한 『대학생 현장실습 운영 매뉴얼』(2017)에서는 실습의 질적인 운영을 위한 방향으로 현장실습의 운영 원칙을 제시하고 있다. 이는 영유아교육기관에서 실시되는 학교 현장실습과 보육실습에도 적용할 수 있다.

〈대학생 현장실습 운영 규정〉

제5조(현장실습 운영 원칙)

① 현장실습은 학생이 향후 관련 산업에 종사하는 데 있어서 필요한 지식 · 기술 · 태도를 습득할 수 있게 하는 것을 목적으로 한다. 즉 교육적 기능을 우선한다.

② 현장실습은 산학 협력을 기반으로 해당 전공 분야의 실무 능력 향상을 위해 학생 전공과 관련된 실무실습 과정으로 운영한다.

③ 학교의 장은 실습생의 전공 분야, 현장실습 프로그램의 적절성, 실습 기관 교육 담당자의 전문성, 현장실습 시설 · 설비의 적합성 및 후생 복지 여건 등을 고려하여 실습 기관을 선정한다.

④ 현장실습은 다음 각호에 정하는 바에 따라 수업으로서의 요건을 갖추도록 한다.

가. 현장실습 수업 계획

나. 수강 신청 계획

다. 실습 기관 교육 담당자 및 현장 지도 계획

라. 지도(담당) 교수 현장 방문지도 계획

마. 평가 방식, 학점 부여 근거 및 기준

바. 기타 현장실습 운영을 위해 필요한 사항

⑤ 실습 기관은 현장실습에 참여하는 학생(이하 "현장실습생"이라 한다)에게 현장실습의 목적과 범위를 벗어난 업무를 부과할 수 없다.

❹ 현장실습의 종류 및 법적 기준

현장실습은 유아교육과정·보육과정에서 하나의 중요한 과정으로 운영되며, 실무교육이 포함된 실무 및 수업실습을 수행한다. 현장실습의 실시 학년 및 시기 등은 대학에서 자율적으로 결정하며, 현장실습 대상 학교의 방학 기간 중 실시는 양교의 협의에 따라 실시가 가능하다. 현장실습은 유치원 교사가 되기 위한 과정의 학교 현장실습과 어린이집 교사가 되기 위한 과정의 보육실습이 있다. 이와 관련한 내용과 법적 기준은 다음과 같다.

1) 학교 현장실습

학교 현장실습이 이루어지기 위해서는 대학에서 다양한 이론과 실제 수업을 통해 유아교육의 기본 지식과 기술, 태도 등을 익혀야 한다. 학교 현장실습은 「유아교육법」 제7조에 의해 설립된 유치원에서 실시해야 되며, 유치원 교사(2급) 자격증 취득을 위한 교직과정으로 볼 수 있다. 수업실습, 참관실습, 실무실습 등으로 총 2학점 4주 이상(160시간 이상)에 걸쳐 이루어지는 실습으로 실습의 전 과정은 법적인 근거에 의해 진행된다.

교육실습은 유치원 교사 자격 취득 관련 실습으로 학교 현장실습(2학점 이상)과 교육 봉사 활동(2학점 이내)으로 나눠진다. 교육실습 관련 과목의 종류 및 법적 기준을 살펴보면 다음과 같다(교육부, 2017a).

(1) 현장실습 교과목 및 학점 기준

'학교 현장실습'이라는 교과목으로 개설되어 이수하는 것을 원칙으로 하며, 2009학년도 입학자부터는 성적표에 '학교 현장실습'이라는 교과목이 확인되어야 한다.

〈2008학년도 이전 입학자(2010학년도 이전 편입학자 포함)〉

영역	과목	최저 이수 학점
교육실습	교육실습	2학점(4주)

〈2009학년도 입학자부터 2017학년도 입학자 이후〉

영역	과목	최저 이수 학점
교육실습 (4학점 이상)	학교 현장실습	2학점 이상(수업실습, 참관실습, 실무실습 등)
	교육 봉사 활동	2학점(P/F제 가능) 이내 포함

TIP 현장실습 이수 학점

- 2008학년도 이전 입학자(2010학년 이전 편입학자 포함): 2학점(4주 이상)
- 2009학년도 이후 입학자(2011학년도 이후 편입학자 포함): 4학점(교육 봉사 활동 2학점 이내 포함 가능)
  ※ 현장실습 학점당 기준 시간: 실습 기간이 연속되지 않은 현장실습은 1학점당 80시간 이상, 교육 봉사 활동은 1학점당 30시간 이상을 기준으로 함
  단, 전일제로 실시하는 현장실습의 경우 1학점당 2주로 하며, 학점당 기준 시간 적용 제외(현장실습 기간 중 공휴일이 포함되어도 상관없음)
- 2009학년도 이후 입학자부터 실시되는 교육 봉사 활동은 면제가 불가

(2) 현장실습 실시 기준

① 현장실습 실시 기간

현장실습의 실시 학년 및 시기 등은 대학에서 자율적으로 결정하며, 현장실습 대상 학교의 방학 기간 중 실시는 양교의 협의에 따라 실시가 가능하다. 실습 기간은 4주 이상(160시간 이상)을 원칙으로 한다.

교육 봉사 활동은 원칙적으로 실시 학년 및 시기 등의 제한이 없으며, 입학부터 졸업 때까지 지속적으로 실시할 수 있도록 한다.

② 현장실습 기관 선정

반드시 취득하고자 하는 교사 자격증에 해당하는 학교 급에서 현장실습을 실시하여야 하며, 현장실습 협력 학교는 실습 대상 인원 및 협력 학교의 규모를 감안하여 선정함으로써 실습생이 실습 기간 중 실제 수업 또는 실무를 경험할 수 있도록 해야 한다. 현장실습 협력 학교의 선정은 대학이 책임지고 해야 하나, 학생이 희망하는 경우 개별적으로 선정 가능하다.

③ 현장실습 실시 가능 학교

「유아교육법」 제2조에 따른 유치원으로 학교 급에 맞는 학교만 가능하다.

※ 「영유아보육법」에 의한 보육 시설에서는 현장실습이 불가하다.

④ 현장실습지도 교사

실습지도 교사의 자격은 1급 정교사 또는 실습하고자 하는 기관에서 3년간 계속 근무한 경력의 교사가 지도하는 것이 바람직하다.

⑤ 현장실습 소요 경비

「교원자격검정령 시행 규칙」 제12조 [별표 3]에 의거 해당 학생에게 부담할 수 있다(교육부, 2017b).

현장실습 세부 기준에 대한 요약은 표 1-1과 같다.

2) 보육실습

「영유아보육법 시행 규칙」 제12조 제1항 [별표 4]에 따라 어린이집 보육 교사(2급) 자격증 취득을 위한 교직과정으로, 어린이집에서 이루어지는 전일제 실습이며 수업실습, 참관실습, 실무실습이다. 실습의 전 과정은 법에 의해 진행되며, 2017학년도부터는 총 3학점 6주(240시간)에 걸쳐 진행된다.

(1) 보육실습 교과목 및 학점 기준

보육실습은 '보육실습'이라는 교과목으로 이수하는 것을 원칙(이론 수업과 보육 현장실습으로 구성되어야 함)으로 하며, 성적 증명서를 통하여 교과목 확인이 가능하여야 한다. 다만, 교과목 명칭이 다르더라도 유사 교과목(유사 교과목 인정 범위: 보육 현장실습, 교육실습, 현장실습)을 이수한 경우로서 실습 기관과 실습 기간의 조건을 만족하는 경우에는 보육실습 교과목을 이수한 것으로 인정한다. 보육실습 교과목은 3학점을 기준으로

표 1-1
현장실습 세부 기준

구분	기준
현장실습 학점당 기준 시간	• 전일제로 실시하는 경우 1학점당 2주로 하며, 현장실습 기간 중 공휴일 등이 포함되어도 상관없음. 단 실습 기간이 연속되지 않은 현장실습은 1학점당 80시간 이상을 기준으로 함
실습 기간	• 4주 이상(160시간 이상)
현장실습 실시 시기	• 현장실습의 실시 학년 및 시기 등은 대학에서 자율적으로 결정하며, 교육실습 대상 학교의 방학 기간 중 실시는 양교의 협의에 따라 실시가 가능함
현장실습 협력 학교 선정	• 협력 학교는 양성 기관의 장이 책임지고 선정하나, 학생이 희망하는 경우 개별적으로 선정 가능함 • 실습 대상 인원 및 협력 학교의 규모를 감안하여 선정함으로써 실습생이 실습 기간 중 실제 수업 또는 실무를 경험할 수 있도록 해야 함 • 반드시 취득하고자 하는 교사 자격증에 해당하는 학교 급에서 현장실습을 실시하여야 함
현장실습 실시 가능 학교	• 학교 급에 맞는 학교만 가능 「유아교육법」 제2조에 따른 유치원 ※「영유아보육법」에 의한 보육 시설에서는 현장실습이 불가함
현장실습 대상 학교와의 협력	• 시 · 도 교육청은 법령(「교원자격검정령 시행 규칙」 제20조 제6항, 2007.12.20.)에 따라 의무적으로 교육실습 협력 부서를 지정 · 운영하도록 되어 있으므로 교육실습 대상 학교의 선정에 필요한 경우 시 · 도 교육청과 상호 협력할 것 • 대학은 교육실습 일정, 내용, 인원 등 교육실습 계획에 대하여 교육실습 시작 14일 전까지 협의를 완료하고, 교육실습이 원활히 진행될 수 있도록 적극 노력하여야 함
현장실습 소요 경비	• 「교원자격검정령 시행 규칙」 제12조 [별표 3]에 의거 해당 학생에게 부담할 수 있음

출처: 교육부(2017).

하되, 평가 점수가 80점(B학점) 이상의 성적을 취득하여야 한다.

- 「영유아보육법 시행 규칙」 부칙(보건복지부령 제92호, 2011.12.8.) 제3조(보육 관련 교과목 및 학점에 관한 경과 조치) 적용 대상자의 경우 보육실습 교과목 2학점으로 이수 가능
- 보육실습Ⅰ 과목을 2학점으로 개설하고 보육실습Ⅱ 과목을 2학점으로 나누어 개설한 경우 보육실습Ⅰ과 보육실습Ⅱ의 합산한 학점이 총 3학점 이상이므로 인정

보육실습에 관한 기준은 다음을 따른다(보건복지부 외, 2017).

가. 보육실습은 이론 수업과 보육 현장실습으로 운영한다.

나. 보육 현장실습은 6주 이상 240시간 이상을 원칙으로 하되, 2회에 나누어 실시할 수 있다.

다. 보육 교사의 자격을 취득하려는 사람이 보육실습을 신청하는 때에 법적으로 인가받은 정원 15명 이상으로 평가 인증을 유지하는 어린이집 또는 교육과정과 방과후과정을 운영하는 유치원에서 보육 교사 1급 또는 유치원 정교사 1급 자격을 가진 사람이 보육실습을 지도하여야 한다. 이 경우 실습지도 교사 1명당 보육실습생은 3명 이하로 한다.

라. 보육실습은 평일 오전 9시부터 오후 7시 사이에 한 경우에만 인정하며, 보육실습 시간은 하루 8시간을 초과할 수 없다.

마. 보육실습의 평가는 보건복지부 장관이 정하는 보육실습일지와 보육실습 평가서에 근거하여 실시하되, 평가 점수가 80점 이상인 경우에만 보육실습을 이수한 것으로 인정한다.

(2) 보육실습 실시 기준

① 실습 기간

실습 기간은 6주 240시간을 원칙으로 하되, 2회에 나누어 실시 가능하다.

- 2017.1.1. 전에 대학 등에 입학한 사람이 보육실습을 2016.12.부터 시작한 경우 4주 160시간 실시 가능
- 학점 인정 방식으로 2018.1.1. 이후 전문학사 이상 학위를 취득하는 사람이 2017.3.1. 전에 보육실습 교과목을 이수한 경우 4주 160시간 실시 가능
- 종전 기준에 따라 4주, 160시간을 실시하는 경우 야간 대학, 한국방송통신대학교, 원격 대학에 한해 2회에 나누어 보육실습 실시

실습은 보육실습 교과목이 개설된 학기(전·후 방학 포함)에 실시한다.

TIP 2회에 나누어 실시하는 방법

- 하나의 보육실습 교과목을 개설한 경우: 학기 내(전 · 후 방학 포함)에 2회로 나누어 실시
- 학기를 달리하여 2개의 보육실습 교과목(Ⅰ, Ⅱ)을 개설한 경우: 개설 학기 전 · 후 방학에 각 1회씩 나누어 실시

② 실습 기관의 선정

실습 기관의 선정은 정원 15명 이상으로 평가 인증을 유지하는 어린이집 또는 교육과정과 방과후과정을 운영하는 유치원(교육청에 방과후과정 운영 유치원으로 등록되어야 함)으로 선정한다.

- 2017.1.1. 이후부터 어린이집에서 보육실습을 시작하는 경우 인가받은 정원 15명 이상으로 평가 인증을 받은 어린이집에서 보육실습을 실시해야 함. 단, 2018.1.1. 이후 「학점인정등에관한 법률」에 따라 전문학사 이상을 취득하는 사람이 2017.3.1. 전 보육실습 교과목을 이수한 경우에는 종전 기준 적용
- 평가 인증 어린이집 확인 방법: 임신육아종합포털 아이사랑(http://www.childcare.go.kr) 내 [어린이집]→[어린이집 찾기] 또는 어린이집정보공개포털(http://info.childcare.go.kr) 내 [통합 정보 공시]→[어린이집 · 유치원 찾기]→[어린이집 검색]을 통해 확인

③ 실습 인정 시간

실습 인정 시간은 연속하여 평일(월~금) 오전 9시~오후 7시 사이에 한 경우에만 인정하며, 보육실습 시간은 하루 8시간을 초과할 수 없다.

④ 실습지도 교사

실습지도 교사는 실습지도 이전에 보육 교사 1급 또는 유치원 정교사 1급 자격증을 소지한 사람이어야 하며, 동일한 실습 기간 내에 지도 교사 1명당 보육실습생을 3명 이내로 지도하여야 한다(※ 2013.3.1. 이후 보육실습을 이수하는 경우 반드시 실습지도 교사 기준 준수).

보육 교사 1급 자격을 소지한 원장은 보육실습지도 교사에 해당하지 않는다.

단, 다음에 해당되어 원장이 보육 교사를 겸임하고 있는 경우는 교사 겸직 원장의 실습지도가 가능함

- 보육 정원 20명 이하 어린이집 원장
- 시장 · 군수 · 구청장이 특례를 인정한 정원 21~39명 어린이집의 원장
  (교사 채용의 어려움이 예상되는 도서 · 벽지 · 농어촌 지역에 있는 어린이집)

⑤ 보육실습 확인서

보육 교사 자격증을 발급받고자 하는 사람은 보육 교사 자격증 발급 신청 시 보육실습 내용의 적절성을 증명하는 [서식 Ⅲ-3]의 보육실습 확인서를 제출해야 한다.

실습 관리 시스템을 통한 보육실습 관리

2013.3.1. 이후 어린이집에서 보육실습을 이수하는 경우, 어린이집지원시스템에 보육실습 내용을 등록·제출하여야 한다.

〈어린이집지원시스템을 통한 보육실습 내용 등록 · 제출 방법〉

① 보육실습 내용 등록 방법: 어린이집지원시스템→[교육 관리]→[보육실습생 관리]→[등록]에서 보육실습생 정보와 실습지도 교사 정보를 입력→[저장]하여 등록 완료

② 보육실습 내용 제출 방법: 어린이집지원시스템→[교육 관리]→[보육실습생 관리]→대상자 조회 후 [선택]→[제출](메세지창 확인)→[확인]하여 제출 완료

※ 주의: 야간 대학, 한국방송통신대학교, 원격 대학에서 2회로 나누어서 실습한 경우에는 보육실습생 등록 및 제출을 각각 해야 함. 제출된 내용은 자격 취득을 위한 정보로 전송되므로 제출 이후에는 수정 불가

보육실습 세부 기준에 대한 요약은 표 1-2와 같다.

실습 기관과 학생 간의 관계는 교육기관과 교육생의 관계이며, 실습 기관에서는 학생을 현장실습의 교육과정 목적과 범위에서 벗어난 업무 등

표 1-2
보육실습 세부 기준

구분	기준
실습 운영	• 이론 수업과 보육실습으로 운영
실습 기간	• 6주 240시간(2회에 나누어 실시 가능)
실습 기관	• 정원 15명 이상으로 평가 인증을 유지하는 어린이집 • 교육과정과 방과후과정을 운영하는 유치원(교육청에 방과후과정 운영 유치원으로 등록되어야 함)
실습지도 교사	• 보육 교사 1급 또는 유치원 정교사 1급 • 실습지도 교사 1명당 보육실습생 3명 이내 지도 ※ 보육 교사 1급 자격을 소지한 원장은 보육실습지도 교사에 해당하지 않음
실습 인정 시간	• 평일(월~금) 오전 9시~오후 7시 • 실습 시간은 하루에 8시간을 초과할 수 없음
실습의 평가	• 보육실습일지와 실습 평가서 작성 • 평가 점수 80점 이상

에 종사시켜서는 안 된다.

교사로서의 자질을 갖추는 데 있어서 현장실습의 중요성을 감안하여 각 대학은 사전에 충실한 계획을 수립하여 현장실습 학생에 대한 충분한 예비 교육을 실시한 후 현장실습을 시행하고, 실습 기간 중에는 해당 학과 교수의 방문지도를 통해 현장실습을 내실화하여야 한다.

5 현장실습의 유형 및 내용

현장실습의 유형은 실습의 단계에 따라 사전실습, 정규실습, 사후실습으로 나뉜다. 각 실습의 세부적인 내용을 살펴보면 다음과 같다.

1) 사전실습

사전실습은 정규실습 전 단계 또는 일시적으로 영유아교육 현장 경험을 하는 것으로, 정규실습의 준비 과정으로 정규실습을 성공적으로 수행하기 위한 필수적인 과정이라고 할 수 있다.

예비 영유아 교사들은 실습 기관의 하루 일과, 교사의 교수방법, 교육·보육 활동 진행, 학급 운영, 교재·교구 제작, 환경 구성, 자유선택 활동 시간의 놀이지도 등 교사로서의 역할 수행에 대한 다양한 경험을 하게 됨으로써 정규실습에 대한 두려움을 줄이고 정규실습을 효율적으로 실행할 수 있게 된다.

따라서 사전실습도 정규실습처럼 실습의 목적, 실습 방법, 실습 내용 및 실습생으로서의 태도 및 역할 등을 구체적으로 지도하여 영유아교육 현장에 대한 올바른 이해와 교사의 역할, 교수학습 방법 등에 대한 이해가 충분히 이루어질 수 있도록 계획하고 실시되어야 한다(이연섭 외, 2004).

문혁준 외(2012)는 사전실습의 목적을 다음과 같이 제시하고 있다(김수향 외, 2016 재인용).

첫째, 실습 기관의 환경, 시설, 교직원, 하루 일과, 프로그램 등을 개별적으로 이해할 수 있도록 도와준다.

둘째, 영유아의 개인차를 발견하고 영역별 발달 특성에 대해 폭넓게 이해할 수 있도록 도와준다.

셋째, 영유아의 연령 및 발달 수준에 적합한 영유아교육 및 교수방법에 대해 이해할 수 있도록 도와준다.

넷째, 대학에서 배운 이론과 현장에서의 실제에 대한 차이를 체험하며, 영유아교육 목표, 내용, 과정, 방법 등에 대한 이해를 도와준다.

다섯째, 영유아 교사의 다양한 역할에 대한 전반적인 이해 및 영유아 교사로서의 교육관 확립에 도움을 준다.

여섯째, 다양한 문제 상황을 미리 경험함으로써 정규실습에 좀 더 쉽게 적응할 수 있도록 도와준다.

일곱째, 영유아교육 현장의 제반 조건에 대한 기본적인 이해를 도와준다.

2) 정규실습

정규실습은 교사 자격 취득을 위한 필수적인 과정으로 학교 현장실습 4주, 보육실습 6주 동안 각 해당 실습 기관에서 이루어진다. 이 기간 동안 학생들은 현장실습 기관의 기관장과 지도 교사의 지도 아래 영유아교육·보육 현장에서 영유아 교사로서의 역할을 경험하게 된다. 정규실습은 일반적으로 관찰, 부분 수업, 연계 수업, 전일 수업의 진행을 통해 이루어지는 수업실습과 가르치는 일 외에 교사로서 담당해야 할 여러 가지 업무 처리에 관한 실무실습으로 구분한다.

(1) 수업실습

① 참관실습

참관실습은 학교 현장실습의 경우 주로 1주차, 보육실습의 경우 1~2주차에 이루어지나 영유아교육기관과 실습생의 사정에 따라 융통성을 갖고 실시된다. 실습생은 교사의 교수방법, 학급 운영, 환경 구성, 놀이지도 등 다양한 역할 수행에 대한 관찰과 영유아들과 친밀한 관계를 형성하며, 영유아들의 발달적 행동 특성을 이해하고 학습하는 실습을 의미한다.

실습생은 제삼자의 관찰자 위치에서 실제 교육 활동 등 실습 기관의 전반적인 상황을 파악하여 실습 계획을 수립할 수 있다. 즉 참관실습을 시행할 때 다음의 3가지 측면에서의 관찰을 수행하는 것이 바람직하다(이연섭 외, 2004).

- 연구자로서의 관찰: 지금까지 교직과정에서 학습한 영유아교육 이론을 기초하여 실제를 관찰한다.
- 영유아 이해자로서의 관찰: 선입견이나 편견을 갖지 않고 영유아들의 자연

스러운 상황과 행동을 관찰하여 객관적인 판단을 한다.

- 교육 실천자로서의 관찰: 교육 실천적인 입장에서 관찰, 즉 실습생은 지도 교사의 다양한 교육 활동을 관찰하면서 자신이라면 교육을 어떻게 행할 것인가라는 관점에서 관찰한다.

② 참여실습

학교 현장실습의 경우 주로 2~3주차에 이루어지며, 보육실습의 경우 3~4주차에 이루어진다. 실습생은 영유아 교사의 교육·보육 활동, 놀이지도, 자유선택 활동 지도, 간식 지도, 교재·교구 제작 등 여러 가지 활동에 지원 및 보조 역할로서 참여하며, 부분 수업과 연계 수업이 이루어진다.

③ 지도실습

학교 현장실습의 경우 주로 실습 3~4주차에 이루어지며, 보육실습의 경우 5~6주차에 이루어진다. 실습지도 교사의 지도하에 다양한 형태의 교육 활동으로 영유아들을 직접 지도하는 실습으로 연계 수업과 전일 수업을 진행하게 된다.

(2) 실무실습

실무실습은 영유아를 가르치는 일 외의 다른 역할에 관한 실습을 의미한다. 학급을 운영하고 유치원과 어린이집의 전반적인 운영에 참여하며 부모들과 상호 작용하는 활동 등이 포함된다. 실무실습은 수업실습이 실시되는 기간 동안 자연스러운 기회들을 통해 경험하게 되거나 실습 기간 중에 별도의 기간을 정해 집중적으로 실시될 수도 있다. 실무실습에서 다루어지는 내용들은 영유아의 출석 관리, 영유아 관찰 기록부 작성, 영유아 건강 기록부 작성, 공문서 작성 및 처리, 영유아교육기관의 시설, 설비, 교구 및 비품 관리와 관리대장 작성 등을 배운다.

부분 수업, 연계 수업, 전일 수업의 의미는 다음과 같다.

- **부분 수업:** 지도 교사가 전체 교육 활동을 진행하고 실습생은 이야기나누기, 미술 활동, 과학 활동, 음악 활동, 동시 · 동화 활동, 신체 활동, 요리 활동 등 다양한 대 · 소집단 활동 중 한 가지 교육 활동을 계획하고 진행하는 수업이다.
- **연계 수업:** 지도 교사가 전체 교육 활동을 진행하고 실습생은 다양한 대 · 소집단 활동 중 연계된 2가지 교육 활동을 계획하고 진행하는 수업이다. 예를 들어 '과일의 겉과 속'에 대한 과학 탐색 활동과 '과일 샐러드' 요리 활동과 연계하는 것 등으로 2가지의 단위 수업을 진행하는 것이다. 즉 하나의 활동을 마친 후 다른 활동으로 연계되고 전이되는 과정을 경험할 수 있다.
- **전일 수업:** 지도 교사의 입회하에 실습생이 영유아의 등원에서부터 하원까지 교육 활동 및 하루 일과 전체를 지도하고 진행하는 수업이다.

정규실습 시 실습의 형태 및 실습 내용을 A 대학, K 대학, S 대학의 부속 유치원 사례를 종합하여 구체적으로 제시해 보면 표 1-3과 같다.

표 1-3 정규실습 시 실습의 형태 및 실습 내용

형태	내용
수업 참관 및 영유아 관찰	• 수업 참관: 하루 일과(등원부터 귀가지도까지) 파악, 영유아들의 발달적 특징에 대한 이해, 교사의 교수법과 영유아 생활 관찰 • 교사의 업무를 파악하고 실습생의 역할 알기 • 실습일지 작성, 하루 일과에 대한 지도받기 • 영유아 관찰을 통한 일화 기록 작성 • 부분 수업과 연계 수업, 전일 수업에 대한 교육 활동 협의하기 • 활동 계획안 작성, 영역별 교구 제작 협의하기
부분 수업	• 수업 참관 • 부분 수업 준비 및 실시: 집단 활동 및 자유선택 활동 지도에 대한 부분 수업을 실습 계획에 의한 진행 • 부분 수업에 대한 평가: 지도 교사, 실습생 • 연계 수업 교육 계획안 작성 및 협의 • 교구 제작 계획서 작성
연계 수업	• 연계 수업 준비 및 실시 • 연계 수업에 대한 평가: 지도 교사, 실습생 • 수업 자료 제작 및 활용 • 영유아 관찰, 일화 기록 작성 • 전일 수업 활동 계획안 협의 및 작성
전일 수업	• 전일 수업 준비 및 실시: 수업과 관련된 환경과 교구 · 교재 준비 • 교육실습 평가회: 기관장, 지도 교사, 실습생 • 실습 종료: 실습일지 총정리, 실습 평가 및 결과 보고서 작성, 실습 소감 작성

3) 사후실습

사후실습은 정규실습을 마친 후 또는 정기적으로 정규실습 과정에서의 경험을 보다 심화시키거나 보완하는 성격을 갖는다. 실습생은 교사의 교육·보육 활동을 지원하는 보조 역할을 하거나, 부분적으로 수업을 진행하면서 교사로서의 역할을 준비하고 경험을 쌓음으로써 교사로서의 자질을 높이고 교직에 대한 열의를 더욱 깊게 할 수 있다. 사후실습을 통해 바람직한 결과를 얻기 위해서는 정규실습 종료 후에 대학의 지도 교수, 영유아교육기관장, 지도 교사, 그리고 실습생이 함께 참여하는 실습 평가 협의회를 통해 실습 전반에 관한 평가를 실시한 후 그에 따라 적절한 추후 지도와 보완이 이루어져야 한다.

CHAPTER

02

현장실습의 준비

대학의 준비 | 실습 기관의 준비 | 실습생의 준비

CHAPTER 02

현장실습의 준비

유치원 교사 및 보육 교사 양성과정에서 학교 현장실습 및 보육실습은 매우 중요한 위치를 차지하고 있으며, 유치원 2급 정교사 자격이나 보육 교사 2급 자격증 취득 시 필수 교과목이기도 하다. 실습은 유아 교사 및 보육 교사로서 갖추어야 할 제반 요소를 체험하는 과정이므로 철저한 준비가 따라야 한다.

실습은 실습의 시작에서 종료까지의 계획, 실행, 평가를 포함하는 일련의 과정을 의미한다. 이에 따른 실습 준비는 대학, 영유아교육기관, 실습생에 따라 다를 수 있으나 바람직한 실습 운영을 위해서는 대학, 영유아교육기관, 실습생이 각자 역할을 인식하고 책임 있는 준비와 지도 및 협조 관계가 이루어져야 한다.

1 대학의 준비

유치원 교사 및 보육 교사를 양성하는 대학교에서는 학교 현장실습과 보육실습이 이루어지기 전에 실습에 관련된 법적 기준을 살펴보고, 면밀히 계획을 세워 실습이 차질 없이 이루어질 수 있도록 해야 한다.

대학에서 준비하는 실습 과정의 흐름을 제시하면 다음과 같다.

- 실습 지침서 마련→실습 기관의 선정→실습생 명단 확정→공문 발송 및 행정 처리→실습생 오리엔테이션 및 실습 기관 사전 협의회→실습 순회지도 준비→실습 평가 및 사후 협의회

이에 따른 실습을 계획할 때 고려해야 할 내용에 대하여 알아보자.

1) 실습 지침 마련

교원 양성 기관인 대학에 따라 학교 현장실습 운영에 대한 실습 지침 및 보육실습 지침을 마련한다. 학교 현장실습은 4주 이상 160시간, 보육실습은 6주 240시간(2회 분리 실시 가능)으로 이루어져야 하므로 실습 운영 계획, 실습 학년과 학기에 따른 실습의 유형, 실습 관련 교과목과 참여 학점, 평가의 기준과 방법 등을 정한다. 특히, 지역의 특성 및 인근 대학의 실습 시기 등을 고려하여 대학마다 실습 시기를 선정해 놓는 것이 바람직하다.

2) 실습 기관의 선정

실습 기관의 선정은 실습 기간 중의 경험을 통하여 교직 및 보육에 대한 사명 의식을 갖도록 하는 데 매우 중요한 의미를 갖게 한다. 실습을 통해 예비 유아 교사 및 보육 교사는 교사로서의 비전과 교직 및 보육 활동에 대한 열망을 키울 수 있게 되므로 실습 기관의 선정은 매우 신중하게 고려되어야 한다. 실습 기관의 철학과 프로그램이 대학의 교육 방침과 적합한 곳인가에 대하여서도 점검하고, 영유아교육기관에 실습을 의뢰하고 확인하여 최종 선정하도록 한다.

실습 기관을 선정할 때 다음과 같은 점에 유의한다.

- 실습 기관으로서의 적절성을 파악하기 위해 평가 여부(유치원 평가·평가 인증 여부), 교육·보육 정원 등을 파악한다. 학교 현장실습의 경우 국공립 유치원과 사립 유치원 모두 실습 기관으로 인정된다. 보육실습의 경우는 최소 정원 15명 이상으로 평가 인증을 유지하는 어린이집이거나 방과후과정을 운영하는 유치원이어야 실습 기관으로 인정된다. 어린이집이 평가 인증을 유지하고 있는지 여부는 임신육아종합포털 아이사랑(http://www.cildcare.go.kr) 내 '어린이집→어린이집 찾기→평가

인증 정보'를 통해 확인할 수 있다.

- 실습지도 교사의 자격 소지 여부를 확인한다. 실습지도 교사는 가능하면 영유아교육기관에서의 현장 경력이 많은 교사가 바람직하며, 보육실습의 경우는 1급 유치원 교사나 보육 교사 1급 자격증을 소지한 교사이어야 한다. 지도 교사 1명당 보육실습생 3명 이내로 지도해야 한다.
- 실습생의 인원에 따른 적절한 수의 실습 기관 리스트를 기본적으로 마련해 두어 실습 신청 학생들이 실습 기관을 선택할 수 있도록 하며, 학생들의 현 거주 주소를 파악하여 실습 기관과의 거리가 너무 멀지 않게 선정할 수 있도록 지역에 따른 실습 기관을 추가할 수 있도록 한다. 지역별 실습 기관의 수와 정확한 주소를 파악해 둔다.

3) 실습생 명단 확정

실습생의 실습 기관과의 거주지 및 거리, 실습 기관의 인적·물리적 환경을 고려하여 실습 기관과 맞게 실습생을 선정한다. 가능한 실습생 혼자 나가는 것보다는 2~4명 정도의 인원으로 배정을 하는 것이 바람직하다. 실습생의 능력, 개인적 상황(질병, 임신 등)을 고려하여 실습 기관 선정이 이루어질 수 있도록 지도하여 실습 기관별 실습생 명단을 확정한다.

4) 공문 발송 및 행정적 처리

(1) 공문 서류 준비

실습일지의 양식과 실습에 필요한 공문 및 각종 서류 양식을 마련하고 준비한다.

실습 기관이 결정되면 해당 실습생에 대한 정보와 대학의 공문을 해당 실습 기관에 발송한다. 대학에서 실습에 따라 준비해야 할 공문 및 서류는 표 2-1과 같다.

구분	공문
학교 현장실습	학교 현장실습 의뢰 공문, 현장실습 산학 협력 기관 지정 증명서, 현장실습 약정서, 실습생 출근부, 기관 실습비 영수증, 실습생 이력서, 실습생 자기소개서, 현장실습 의뢰서, 현장실습생 서약서, 현장실습 수락서, 현장실습 결과 보고서
보육실습	보육실습 의뢰 공문, 보육실습생 신상 카드, 보육실습생 출근부, 보육실습 동의서, 보육실습 평가서, 보육실습 확인서, 보육실습지도자 자격증 사본, 보육 시설 인가증 사본 또는 보육 시설 위탁 계약서 사본 , 보육실습생 서약서, 보건소의 전염성 질환에 대한 건강 진단 결과서, 성범죄 경력 조회 및 아동 학대 관련 범죄 전력 조회 동의서, 기관 실습비 영수증

표 2-1
대학 준비 공문 및 서류

(2) 교육청 보고

지역 교육청에 따라 학교 현장실습에 대한 행정 처리를 원하는 경우, 각 대학에서는 교육실습 승인 요청서와 더불어 교육실습에 대한 원장 동의서와 교육실습생 배정 현황표 등을 공문으로 하여 교육청에 보고한다.

(3) 기관 실습비 및 보험 처리

기관 실습비는 대학에서 책정한다. 지도 교사의 실습 수당, 실습생의 급량비(간식, 중식), 교육·보육 활동 재료비 등이 포함된다. 기관 실습비는 대학에서 실습 기관 명의의 통장으로 송금하고, 실습 기관에서 영수증을 발급받도록 한다. 하지만 대학의 상황에 따라 기관 실습비를 실습생이 자비로 처리하기도 한다. 기간 실습비는 기관의 수입 회계로 처리됨을 원칙으로 한다.

또한, 대학에서는 실습 기간 동안 실습 기관에 파견되는 모든 실습생에 대해 상해 보험을 가입하여 실습 기간 동안 발생할 수 있는 안전사고 및 각종 사고에 대비하도록 하는 것이 바람직하다. 이때 실습 첫날부터 적용이 될 수 있도록 사전에 행정 처리하도록 한다.

5) 실습생 오리엔테이션 및 실습 기관 사전 협의회

(1) 실습생 오리엔테이션

실습을 나가기 전에 실습생을 대상으로 하여 실습에 대한 태도, 자세, 마음가짐, 일지 작성 방법, 실습 평가 배점, 안전, 유의점 등 실습에 대한 전반적인 오리엔테이션을 해주도록 한다. 실습 평가 내용에 대해서도 구체적으로 설명한다. 학교 현장실습 평가는 실습생의 근무 태도, 자질, 학습 지도 능력, 연구 조사 활동, 학급 경영 및 사무 처리 능력의 내용으로 평가되며, 보육실습은 근무 태도와 자질, 보육 활동 계획과 실행, 실습 교사의 역할 수행, 보육실습일지 작성, 총평의 내용으로 평가되며, 보육실습의 경우는 평가 점수 80점 이상을 충족해야 실습으로 인정되는 기준을 사전에 고지한다. 실습생에 대한 오리엔테이션의 구체적인 내용은 이 책의 〈실습생의 준비〉 내용과 같은 맥락이니 참조하도록 한다.

〈실습생의 준수 사항〉

① 매일의 현장실습 생활은 실습 기관의 규정과 지시에 따른다.
② 실습생의 복장, 언행 그리고 태도는 교사로서의 모범이 되도록 한다.
③ 실습생은 결근, 지각, 조퇴를 금하며 지정 시간에 출근과 동시에 출근부에 날인한다.
④ 부득이 결근, 조퇴를 할 때는 사전에 실습 기관의 허락을 받는다.
⑤ 근무 시간 중에는 외출을 금한다.
⑥ 실습 기관 밖에서 원아와 학부모를 개인적으로 만나거나 가정 방문을 하지 않는다.
⑦ 실습생은 원아들에게 체벌은 물론 상벌을 가하지 않는다.
⑧ 실습생으로서 실습 기관의 정상적인 교육 · 보육 활동에 지장이 발생하지 않도록 한다.
⑨ 실습일지는 매일 기록하여 지도 교사와 협의하고, 지도 조언을 받는다.
⑩ 실습생은 실습 기관의 교육 · 보육 목적과 방침을 깊이 이해하고 이를 달성하기 위하여 적극적으로 협력하고 참여한다.
⑪ 영유아의 신상에 관련된 사항(주민등록번호, 가정사, 질병 등)을 외부로 유출시키지 않는다.
⑫ 실습 기관에 관한 모든 사항 중 교육적인 목적 이외에는 외부에 발설하지 않는다.

(2) 실습 기관 사전 협의회

대학의 실습 기관으로 최종 선정된 실습 기관의 원장 및 실습 담당 교사와 사전 협의회를 갖는다. 실습지도에 대한 전반적인 사항 및 대학 및 실습 기관에서의 부탁 및 요구되는 실습지도 사항, 유의 사항 등에 대해 상호 협의 및 공유하는 시간을 갖도록 하여 실습이 효율적이고 효과적으로 이루어지도록 한다.

6) 실습 순회 방문지도 계획

대학과 실습 기관 간에 협력적인 실습지도가 이루어질 수 있도록 실습 기간 중에 지도 교수는 실습 기관을 방문하는데, 이에 대한 준비를 한다. 지도 교수는 실습지도 교사에게 실습생의 배경 및 재능, 실습 준비 상태 등을 알려줄 수 있도록 준비하며, 또한 지도 교수의 실습 기관 직접 방문을 통한 점검 내용은 실습이 종료된 후 평가 및 추후 자료에서도 중요한 정보로 활용될 수 있도록 한다.

(1) 지도 교수의 실습 기관 방문 시 주의할 사항

- 실습 기관을 방문하기 전에 실습 기관 방문 일정을 계획 및 수립하고 사전에 전화 연락을 통해 협의한 일자에 방문하도록 한다.
- 실습생이 파견된 모든 실습 기관을 방문하도록 한다.
- 부득이 방문지도가 어려운 현장실습 기관에는 전화, 서면, 온라인 등으로 사전 양해를 구하고 정보를 교류하며 지도한다.

(2) 실습 기관 방문 시 할 일

- 실습생의 실습에 대해 관찰한다.
- 실습생에 대한 정서적 지원을 한다.
- 실습 기관의 원장이나 실습지도 교사와 실습 관련 협의를 한다.

- 실습지도 교사로부터 실습생의 실습 현황과 지도상의 어려움을 경청한다.
- 향후 실습 기관으로서의 지속적인 협력을 요청한다.
- 실습생으로부터 애로 사항을 청취한다.
- 실습 기관의 협조 정도와 실습 기관의 인적·물리적 환경을 파악한다.
- 실습 기관으로서의 적합성을 파악한다.

(3) 실습 기관 방문 결과 보고서 준비

지도 교수는 실습 기관을 직접 방문하여 실습생의 실습 활동, 실습생의 태도, 안전사고, 실습 내용의 충실성, 실습 조건의 적합성, 방문지도 후에는 소감, 실습 기관 요구 사항, 취업 상담 내용, 실습지도 교사나 원장과 면담 등 파악한 내용을 '실습 기관 방문 결과 보고서'에 작성을 해야 하므로 기관 순회 방문 시 바로 기록을 작성하거나 메모할 수 있는 기록지를 준비해 두는 것이 편리하다.

7) 실습 평가 및 실습 기관 사후 협의회 계획

(1) 실습생 평가회 준비

실습을 마치고 각 대학은 형편에 따라 실습생, 전공 후배들, 교수 등 자체 평가, 지역 평가, 종합 평가 등을 다양하게 실시할 수 있다. 실습 평가회를 통해 실습의 의미와 배운 점, 어려운 점, 실습 진행 중 기억나는 점, 어려움을 극복한 점, 교직 및 직업에 대한 점검, 후배에게 하고 싶은 조언 등 실습생 자신 및 후배 또는 학과의 현장실습을 위해 여러 측면의 내용으로 평가할 수 있도록 평가회 내용에 대한 지침을 준비한다. 이때 실습 평가회가 실습 기관이나 지도 교사의 잘못된 점이나 비방을 하는 시간이 되지 않도록 주의하며 현장의 어려운 점에 대한 문제해결책을 찾아보는 시간이 되도록 지도한다. 지도 교수는 실습생의 평가회 내용을 중심으로 앞으로 실습 기관 선정 유지 여부 및 실습에 대한 전반적인 점검을 체크하며, 실습생들의 평가 내용을 기본으로 하여 실습생의 어려움 및 지원해야 할 사항을 파악하고 차기 연도 실습에 반영할 수 있는 내용을 정리할 수 있도록 평가회 기록 양식을 준비해 둔다.

(2) 실습 기관 사후 협의회 계획

실습이 끝난 이후 실습 기관의 원장 및 실습 담당 교사와의 사후 협의회를 갖도록 계획하여 대학 및 심습 기관에서의 평가 및 피드백을 상호 교류하며, 상호 차기 연도 실습지도에 반영하여 좀 더 안정적이고 발전적인 실습이 되도록 계획한다. 실습 이후의 사후 협의회에 대한 일정 및 계획도 사전에 실습 기관에 공지해 두는 것이 좋다.

❷ 실습 기관의 준비

실습 기관은 실습생 및 실습 운영을 위해 적극적이고 구체적인 준비를 해야 한다. 실습 기관의 실습에 대한 준비가 미흡하면 실습 과정이 체계적으로 이루어지기 어려워 실습생은 교사로서의 기본적인 자질을 익히고 배울 수 있는 기회를 상실하게 되며, 더 나아가 교직 및 미래 직업에 대해 실망할 수 있다. 따라서 실습 기관은 좋은 교사를 길러 낸다는 사명감을 갖고 실습생을 지도하기 위한 실습 준비를 해야 한다.

1) 원장의 준비

원장은 실습생의 실습에 대해서도 총괄하는 책임자이며 지도자이다. 원장은 교사와의 협의 및 협력을 통해 실습이 바람직하게 이루어지도록 적극적으로 준비하도록 한다. 또한, 실습지도를 맡게 될 교사에게 실습에 대한 전반적인 지도 교사 역할에 대해 미리 교육해 두는 것이 바람직하다.

(1) 기관의 실습 지침 마련

실습 기관은 각 기관의 상황에 적절하며 교육적으로 바람직한 실습 지침을 마련한다. 교직원 회의를 통해 실습생에 대한 지침에 대해 사전에 알려주어 공유된 기준으로 실습생을 맞이하고 실습의 과정이 원활하게 이루어질 수 있도록 한다.

(2) 실습지도 교사 선정 및 교육

실습 기간 동안 실습생 인원을 고려하여 실습을 지도하게 될 지도 교사를 선정한다. 현장 경험이 풍부하고 교육·보육에 대한 신념과 인성을 겸비한 교사, 실습생 지도를 책임감 있고 열의 있게 수행할 수 있는 교사를 선정하도록 한다. 선정된 실습지도 교사에게는 실습생 지도에 대한 교육(실습 일정 및 계획 수립, 상호 작용, 교사로서의 역할 수행 등)을 실시한다.

실습은 대부분 동일한 학급에서 4주 혹은 6주 동안 실시하게 된다. 여러 연령 반을 돌아가면서 실습을 하는 경우 실습생이 다양한 연령대의 영유아를 접할 기회를 갖는 장점은 있으나, 실습생이 해당 학급의 영유아와 친밀감을 형성할 시간이 부족하고, 개별 영유아를 파악할 수 있는 시간이 부족하므로 교육·보육 활동을 계획하고 실행하는 데 어려움을 겪을 수도 있다. 이를 고려하여 실습생에게 어느 연령의 어느 학급을 배정해 줄 것인지 계획한다.

(3) 실습생 오리엔테이션 준비

실습생은 실습이 시작되기 전에 오리엔테이션을 받기 위해 사전에 기관 방문을 하게 되니 실습 기관으로서의 전반적인 안내를 할 수 있도록 정리 및 준비된 오리엔테이션으로 실습생이 실습에 대한 준비에 어려움이 없도록 하며, 효과적이며 효율적인 실습이 되도록 돕는다. 오리엔테이션은 다음과 같은 내용으로 진행할 수 있다.

① **실습 기관 운영 방침 및 현황 안내**

실습 기관의 설립 목적 및 철학, 연혁, 원훈, 유아관, 영유아교육기관 건물의 배치, 전체 학급 편성, 교직원 현황 및 조직, 실습 기관 주소, 전화번호, 수업에 적용하는 프로그램, 특색 교육, 기타 기관의 특색에 따른 운영 방안, 사진 촬영 가능한 범위 안내, 지켜야 할 규칙 등을 실습생에게 안내한다.

② **실습지도 교사 소개 및 실습 학급 배정**

실습생에게 맡게 될 지도 교사를 안내하며, 보육실습의 경우 유치원 교사나 보육 교사 1급 자격증 소지자임을 알려주도록 한다. 지도 교사뿐 아니라 학급에 대한 안내(영유아 연령, 인원, 성비, 학급 및 유아 특성, 하루 일과 등)도 사전에 알려주는 것이 바람직하다.

③ **실습 일정 및 원 행사에 대한 안내**

실습 기간 동안(학교 현장실습 4주, 보육실습 6주)에 이루어질 교육·보육 실습 내용과 특별 수업에 대해 설명을 해주며, 행사 일정을 안내한다. 실습생에게 실습 기간 동안의 월간 계획안, 주간 교육 계획안, 기타 교육 프로그램에 대한 자료를 공유 및 제공하여 실습에 적극적으로 참여할 수 있도록 한다. 실습 기간이 종료된 이후에 원 행사 등의 이유로 실습 기간 이외에 실습생에게 비공식적으로 실습 기관으로의 추가적인 참여 및 실습을 요구하지 않도록 유의한다.

④ **실습 기관 비품 및 기자재 사용에 대한 안내**

실습 기관에서 수업 준비 혹은 교구 제작을 위해 필요한 비품 및 기자재를 실습 기관에서 어느 정도까지 사용 및 지원 가능한지를 실습생에게 안내해 주어 수업 준비를 계획하고 준비하는 데 도움을 주도록 한다. 기관에서 필요한 교구를 제작를 해야 하는 경우 실습생 개인 비용이 아닌 기관에서 지원하는 것이 바람직하며, 실습 시간 중 학급 수업에 필요한 교재·교구 이외에 과도한 교구 제작은 요구하지 않도록 한다. 실습생이 수업 준비로 개별 구매해야 할 경우 과다 비용이 발생하지 않도록 지도한다.

⑤ 실습 기간 중의 급량비에 대한 안내

실습 기관에서는 실습 기간 중의 급량비(간식, 중식)에 대한 안내를 한다. 실습 기관에 따라 기관 실습비 이외에 실습생 급량비 부담의 유무가 다를 수 있으며, 금액 차이도 있을 수 있다. 실습생들의 중식은 실습 기관의 방침에 따르도록 한다.

⑥ 실습 평가 기준 안내

실습에 대한 평가에 대한 기준을 실습생에게 설명해 주어 객관적이고 공정한 성적 부여가 이루어짐을 알린다. 지도 교사와 원장의 합의로 실습생에 대한 평가 점수를 부여하고 대학에 송부함을 고지하나, 실습생들은 실습 기간 중 평가에 대해 심적인 부담을 가지고 일상에 임하게 되므로 성적에 대한 스트레스는 가능한 한 직접적으로 주지 않도록 유의한다.

⑦ 출퇴근 시간에 관한 안내

실습 시간은 일일 8시간(점심시간 포함 9시간) 기준으로 기관의 영유아의 등·하원 시간 및 기관의 상황을 고려하여 실습생의 출퇴근 시간에 대해 안내해 준다.

⑧ 차량 운행, 교사 회의 시간 등에 대한 안내

등·하원의 차량지도는 실습생에게 실습으로 부적합하다. 특정 상황에 의해 실습생에게 차량지도를 부탁한다 할지라도 반드시 책임자 및 정교사와 함께 동승해야 하며, 실습생만을 차량에 태워 영유아들을 등·하원 지도하는 일은 없도록 해야 한다. 또한, 교사 회의 시간의 실습생 참여 여부 및 의사 발언 정도는 기관 상황에 따라 안내해 주는 것이 바람직하다.

⑨ 안전 관련에 대한 안내

영유아교육기관에서는 매월 정기적인 안전 훈련을 실시하므로 이때 실습생들의 역할에 대해 안내해 주며, 위급한 상황 시 대처 방법 등에 대한 안전사고 예방 안내도 함께한다. 안전 점검 지도로 매일매일 안전 점검의 중요성에 대해 인식할 수 있도록 한다. 또한, 영유아교육기관에서 자주 사용하는 칼, 글루건 등도 안전하게 사용하도록 지도한다.

⑩ 기타 준비물 안내

실습 중 필요한 실습일지를 비롯하여 실내화, 이름표, 노트, 펜, 앞치마 등 기관의 상황에 따른 준비물에 대해 사전에 실습생에게 알려 주어 사전에 준비할 수 있도록 한다

(4) 지도 교수 방문에 대한 준비

지도 교수가 방문하기로 예정된 일시에는 손님 맞을 준비를 하여 지도 교수가 영유아교육기관 입구에서 지체하는 일이 없도록 바로 원장실 등으로 안내가 이루어지도록 한다. 지도 교수가 실습생을 지도할 수 있는 시간이나 공간을 마련해 주도록 한다. 실습지도 교사는 실습생의 실습 상황을 지도 교수에게 알려줄 수 있으며, 실습생에 대한 전반적인 소감을 이야기할 수 있다. 경우에 따라 방문지도 서류에 간단한 기록을 할 수도 있으며, 사진 등을 찍을 수도 있으니 이에 적극적으로 협조하도록 한다.

(5) 실습생의 실습 마무리 평가회 계획

실습 마지막 일자에 기관에서는 실습생들에게 피드백을 주어 자기 이해를 할 수 있게 하며, 향후 교사로서의 마음가짐 및 진로에 도움을 줄 수 있도록 실습에 대한 마무리 시간을 갖게 하는 것이 바람직하다. 실습 마

무리 평가회 시간도 기관에서는 사전에 계획해 둔다.

2) 실습지도 교사의 준비

실습지도 교사는 교수 기술, 능력, 태도, 대인 관계 기술 등에 대해 바람직한 시범을 보여 주는 역할을 하며, 실습생의 행동이나 태도 등도 관찰 및 평가, 일과 진행에 적절한 도움을 주는 역할을 한다. 실습지도 교사는 실습생의 입장에서 가장 중요한 교사이며, 실제 강력한 영향을 받는다. 실제 대부분의 실습은 실습지도 교사에 의해 주로 이루어지고 있으며 교직 및 앞으로의 미래 진로에 상당한 영향을 미치기로 한다. 실습지도 교사는 실습생에게 실습 기관의 현황표, 실습 해당 반의 영유아 명단, 실습 해당 반의 연간, 월간, 주간 계획안 및 실습 일정표 등의 서류를 제공해 주어 원활한 실습이 이루어지도록 준비한다.

(1) 실습생 실습지도 계획 수립

실습지도 교사는 실습 일정 및 실습 유형에 따른 실습에 대한 실습지도 계획을 수립해 두도록 한다. 부분 수업 및 영역별 수업, 연계 수업 및 반일 수업, 전일 수업 및 일일 수업을 언제 어떤 내용으로 몇 회 진행할 것인지를 사전에 계획한다. 실습 시 실습생에 미리 고지해 줌으로써 실습생이 준비할 수 있는 시간적 배려를 주도록 계획한다.

일반적으로 주로 학교 현장실습 1주차, 보육실습 1~2주차에는 관찰실습이 이루어지며, 학교 현장실습 2~3주차, 보육실습 3~4주차에는 참가실습이 이루어지고, 학교 현장실습 4주차, 보육실습 5~6주차에는 실제 지도실습이 이루어진다. 실습지도 교사는 부분 수업 및 영역별 교육 활동, 연계 수업 및 반일 교육 활동, 일일 교육 활동 등 수업실습을 하기 전에 미리 계획서 및 계획을 제출하여 검토 및 검사를 맡을 수 있도록 안내하며, 관련 제출 서류 목록 및 제반 양식 등을 미리 배부해 줄 수 있도록 준비한다. 또한, 지도 교사는 실제 지도실습하기 전에 실습생이 활용할 수 있는 자료를 제공해 줄 수 있도록 준비하며, 기자재 사용법에 대한 설명을 생각해 둔다. 실습일지 작성지도 준비 및 영유아 관찰에 대한 조언도 염두해 둔다.

실습지도 교사는 실습 유형에 따라 실습생에게 지도 및 안내해야 할 내용을 사전에 숙지하여 실습의 목적이 잘 이루어질 수 있도록 한다.

① 관찰실습지도에 대한 계획

- 실습생이 기관의 물리적 환경 및 하루 일과 흐름을 파악할 수 있도록 안내한다.
- 실습생이 기관의 활동 참관 및 교사 보조(교사 수업의 전이 활동과 교육 활동 운영 전개에 대한 관찰, 교사의 영유아들 맞이하는 표정, 사물함에 물건 정리하는 행동, 스킨십 정도, 말투, 교사-영유아와의 상호작용)에 대한 역할을 알 수 있도록 지도한다.
- 실습생에게 교수학습 방법에 대해 관찰하는 방법을 지도한다. 개인 수첩에 모든 내용을 관찰하고 기록하도록 안내한다.
- 실습생이 영유아 행동 관찰 및 발달적 특성 파악하도록 안내한다.
- 실습생에게 학급 환경 정리 및 자료 준비에 대한 보조 역할에 대해 안내한다.
- 실습생이 귀가지도 시 참여할 수 있도록 지도한다.
- 실습생에게 교사 보조 역할에 대한 평가 및 다음 주 활동을 계획할 수 있도록 지도한다.

② 참가실습지도에 대한 계획

- 체크리스트를 이용하여 영유아 관찰을 할 수 있도록 지도한다.
- 생활지도에 대한 가이드라인을 알려 준다.
- 기관의 활동 참여 및 교사 보조 역할에 대해 계속 지도한다.

- 부분 수업 1회 및 부모교육 참관의 기회를 준다.
- 각 영역과 연계한 부분 수업 1~2개 정도를 계획한다.
- 전이 활동과 주의 집중을 위한 활동을 실습지도 교사를 통해 배울 수 있도록 한다.
- 교실의 영역 구성 관찰과, 영유아와 교사의 상호 작용 관찰을 지속적으로 지도한다
- 영유아의 또래 관계를 파악할 수 있도록 하며, 놀이지도 참여를 지도한다.
- 교육·보육 활동 계획안 작성에 대해 지도하고, 교재·교구 제작에 대한 안내를 해준다.
- 부분 수업, 연계 수업 활동에 대해 지도하고 평가해 준다.
- 환경 정리에 대해 지도하고, 교사 회의 참여의 기회를 제공해 준다.
- 다음 주 활동 계획 및 평가에 대해 지도한다.

③ 실제 지도실습지도에 대한 계획

- 반일·전일 수업을 위한 교육·보육 활동 계획 및 실시에 대해 지도한다.
- 전일 수업을 할 수 있게 한다.
- 행사 경험과 반 구성에 대하여 익힐 수 있도록 한다.
- 공문서 작성의 경험에 대한 기회를 제공해 준다(물품 청구서, 내부 결재 문건 등).
- 교육 자료·보육 자료에 대한 평가를 해준다.
- 수업 실시에 따른 평가 및 피드백을 해준다.

(2) 일상생활 및 실습일지지도 계획

- 실습지도 교사는 실습생에게 영유아의 일상생활(급식, 간식, 낮잠, 화장실 다녀오기 등)에 대한 안내를 한다.
- 실습지도 교사는 실습생에게 자유선택 활동 시간에 영유아들에 대한 관찰 방법에 대해 안내하고 지도한다.

- 수업 전, 수업 중, 수업 이후의 실습생의 역할에 대해 전반적으로 안내한다.
- 실습일지지도는 매일 실시해 주는 것이 원칙이다. 실습생의 실습일지를 점검하고 수정할 부분을 지도 및 조언해 준다. 지도 교사 소감 및 조언란을 미루었다가 나중에 한꺼번에 기록하는 것은 큰 의미가 없다. 실제적인 도움이 될 수 있도록 지도 교사의 피드백 및 조언을 해당 당일에 해주도록 한다.

(3) 정서적 지원

실습생은 낯선 환경에서 정서적으로 어려움을 겪을 가능성이 높다. 특히, 실습지도 교사는 실습생이 안정감 있게 실습에 임할 수 있도록 따뜻한 분위기를 조성하고 긍정적 언어, 표정 등으로 격려하며, 정서적 지원을 하여 실습생이 원활하게 실습 과정을 마칠 수 있도록 돕는다.

(4) 실습지도 교사의 윤리 규정

실습지도 교사가 실습생을 대할 때 지켜야 할 윤리 규정은 다음과 같다.

- 실습생에게 예의 있는 언어 사용(존칭어 사용) 및 인격적 대우를 한다.
- 실습생의 개인, 가족 관련 내용에 대한 비밀을 유지한다.
- 영유아에 대한 편애, 다른 교사와의 불편한 관계, 기관의 사적 내용을 전달하지 않는다.
- 영유아 앞에서 실습생에 대한 훈육적 지도를 하지 않는다.
- 실습생의 실습 능력에 대해 주관적, 감정적 평가를 하지 않는다.
- 실습생에게 개인적인 부탁이나 지도 교사가 해야 할 일을 대신하도록 시키지 않는다.

(5) 부적합한 실습 내용

실습지도 교사 및 원장은 실습생들이 추후 유능하고 전문성 있는 교사가 될 수 있도록 최선을 다해 실습을 지도해야 한다. 실습 기관에서의 실습생에게 실습의 취지에 어긋나는 부적합한 업무를 부가하지 않도록 주의해야 한다.

- 영유아의 등·하원 차량지도
- 영유아의 간식 및 식사 조리
- 실습지도 교사 휴가 및 승급교육 시 실습생을 대체 교사로 활용
- 교육·보육 활동 이외의 업무 지시
- 실습 학급 이외 실습 기관 전체 정리 정돈 업무
- 실습 학급 이외 동일 연령반을 위한 교재·교구 제작
- 영유아 응급 처치 및 아픈 영유아 데리고 병원 가기
- 학부모상담
- 오전·오후 통합 담당

❸ 실습생의 준비

실습생은 실습을 직접 나가기 전에 여러 가지 사전 준비할 것들이 있다. 대학에서 안내해 주는 서류 및 절차에 누락되지 않도록 개인이 꼼꼼히 살피고 기타 실습 관련된 사항들을 준비하도록 한다.

실습 기관을 사전에 방문하여 원장 및 지도 교사와 인사를 나누고 기관에 전달할 학교 공문, 실습생 신상 카드, 자기소개서 등 실습 관련 서류를 제출해야 하며, 실습 기관 오리엔테이션에서 안내 및 전달받은 기관 현황, 학급 특성, 실습생 관련 지침, 교육·보육 활동에 대한 일정, 준비 사항 등을 잘 숙지하고 있어야 한다.

1) 실습 기관 선정

일반적으로 대학에는 실습 기관에 대한 리스트가 마련되어 있다. 전년도 평가 회의 내용을 참조하고, 교수의 평가와 선배들의 의견을 고려하여 자신의 주거지와 거리도 확인한 후 실습 기간 동안 잘 배울 수 있는 기관으로 선정한다.

2) 실습생 준비 서류

실습 서류는 대부분 대학에서 준비하겠지만 기본적으로 개인 신상 카드 및 이력서, 자기소개서, 건강 진단 결과서는 실습생이 개인 또는 대학의 양식으로 직접 준비하도록 한다.

(1) 실습생 신상 카드(이력서) 및 자기소개서

실습생의 신상 카드 및 이력서는 실습생 자신의 기본적인 신상 및 이력에 대해 진술하는 것으로, 거짓이나 과장 없이 객관적인 사실로 기술하여야 한다. 신상 카드 및 이력서에 붙이는 사진은 최근 3개월 이내에 찍은 증명사진을 사용하도록 하는데 과도한 사진 보정 작업은 삼가하도록 한다.

신상 카드나 자기소개서는 컴퓨터를 활용하여 작성하거나 검정펜으로 기입하도록 하고, 공란은 없도록 한다. 자기소개서는 대학 양식에 따르거나, 성장 과정, 성격의 장단점, 특기 사항 및 교내외 활동, 실습에 대한 기대 및 각오 등을 기록할 수 있다.

(2) 실습 서약서

실습 서약서는 대학이나 실습 기관에 따라 그 내용이 다를 수 있으나 내용을 잘 숙지하고 실습생의 사인 및 도장을 찍어 대학이나 기관에 제출한다. 또한, 성범죄 경력 조회 및 아동 학대 관련 범죄 전력 조회 동의서에도 사인를 하여 대학이나 어린이집 원장이 경찰청 온라인 시스템인 범죄경력회보서발급시스템(http://crims.police.go.kr)을 통하여 확인할 수 있도록 한다.

(3) 건강 진단 결과서

영유아와 함께 생활하는 영유아교육기관으로 실습을 나가므로 실습생의 건강도 중요하다. 실습을 나가기 전에 보건소의 전염성 질환(폐결핵, 장티푸스, 전염성 피부 질환 등)에 대한 건강 진단 결과(구 보건증)를 발급받아야 한다. 경우에 따라 일주일 이상 걸리는 경우가 있을 수 있으므로 미리 건강 검진을 받도록 하여 준비한다.

3) 실습 기관 사전 방문

실습생은 실습을 시작하기 전에 실습이 원활하게 이루어질 수 있도록 실습 기관에 사전 방문하여 실습에 필요한 사항을 미리 숙지하고 준비할 수 있는 기관의 오리엔테이션을 받도록 한다.

(1) 사전 전화하기

실습 기관이 선정된 이후 홈페이지 등을 살펴 기본 주소 및 연락처, 실습 기관의 시설 및 환경 탐색 등 정보를 파악한다. 기관의 사전 방문을 나가기 전에 실습 기관에 전화를 걸어 방문 일자를 확인받거나 협의한다. 전화를 걸 때, 실습 기관 교사들이 바쁜 등·하원 시간이나 점심시간 등은 피하는 것이 좋다. 용건을 미리 정리하고 메모 준비를 한 후 조용한 장소에서 걸도록 한다. 실습생의 소속 및 성명을 먼저 밝히고 분명하고 정중한 언어로 통화한다. 전화를 끊을 때는 상대방이 끊은 후 실습생이 끊도록 한다.

(2) 사전 방문하기

실습 기관에 미리 전화로 허락을 받은 후 실습 시작하기 최소 1~2주 전에 같은 실습 기관에서 실습하게 될 동료들과 함께 기관을 방문하도록 한다. 사전 방문 전에 실습 기관의 홈페이지를 미리 검색해 보는 것도 실습 기관에 대한 이해를 높이는 데 도움이 될 수 있다. 기관 방문 시 대학의 공식적인 물품 이외에 개인적인 선물은 가져가지 않도록 한다.

실습생은 기관에 사전 방문하여 다음과 같은 사항들을 파악하고자 해야 한다.

- 교육·보육실습 기관의 현황(유치원·어린이집 교사와 직원, 영유아, 시설)
- 교육·보육실습 기관의 교육철학, 프로그램, 주제
- 실습 기관의 교육철학 및 프로그램 운영 방침
- 실습을 하게 될 학급의 특성(연령, 인원수, 성비, 영유아의 특성, 하루 일과 등)
- 실습 기간 중 행사 일정
- 실습 기관의 현장실습생 준수 사항 및 유의 사항
- 실습에 필요한 준비물
- 실습 기관의 위치·거리 및 교통편

4) 기본 준비물 챙기기

실습생은 실습일지 외에 기본 실습에 필요한 물품 등을 준비하도록 하며, 그 외 준비물은 실습 기관의 규정에 따른다.

(1) 실습일지

실습일지는 대학에서 제시한 실습일지 양식을 사용하는 것을 원칙으로 하나, 실습 기관의 양식을 사용할 수도 있다. 실습 기간 동안 기관에서의 하루 일과를 관찰하고 수첩이나 메모지에 기록하였다가 실습일지에 정리하여 작성하도록 한다. 일지에 양식이 포함된 실습생 소감문도 매일 작성하며, 일지 작성 후 지도 교사 및 원장의 지도·조언과 확인을 받도록 해야 한다.

(2) 실습 비용

실습 비용은 대학에 따라 대학에서 지원할 수도 있으며, 실습생들이 자부담할 수도 있다. 대학에서 지원이 안 되는 경우 기관에 납부하는 실습 비용을 준비해야 하며, 중식비도 기관의 운영 방침에 따라 준비한다.

(3) 실습생 이름표

이름표는 영유아에게 상처를 입힐 염려가 없도록 천으로 된 재질을 사용하는 것이 바람직하며, 대학명과 실습생 이름을 실로 박도록 한다. 만약 실습 기간 중 앞치마를 준비하여 사용하게 된다면 앞치마 왼쪽 가슴 부분에 실로 대학명과 본인의 이름을 새기는 것이 좋다. 앞치마에는 필기도구와 메모지를 넣을 수 있도록 주머니가 있는 것으로 한다. 앞치마의 사용 여부는 사전 방문 기간에 물어보며 실습 기관의 방침에 따른다.

(4) 실내화 및 실외놀이용 신발

실내화는 미끄러지지 않는 것으로 준비하고 꺾어 신지 않도록 한다. 영유아교육기관에 따라 실내화 대신 덧신을 사용하는 경우도 있다. 슬리퍼는 지양한다. 실내화의 종류 혹은 사용 여부는 사전 방문 기간에 물어보며 실습 기관의 방침에 따른다. 바깥놀이 활동을 위하여 필요시 실습 기관에서 편하게 신을 수 있는 운동화 혹은 단화를 준비할 수도 있다. 또한, 영유아들과 지내다 보면 실습생의 옷이 더럽혀지거나 젖을 수 있으므로 필요하다면 여벌의 옷을 준비하는 것도 유용할 수 있다.

(5) 필기도구, 수첩

메모할 수 있는 작은 수첩과 필기도구를 항시 가지고 다니며 지도 교사의 내용, 학부모들에게 전달받은 내용, 영유아 관찰, 하루 일과에서 메모할 내용 등을 적을 수 있도록 한다. 단, 기록 시 교사나 영유아에게 방해되거나 주의를 끌지 않도록 한다. 교사나 유아와의 상호 작용을 우선적으로 하며 메모는 틈을 내서 사이사이에 기억할 수 있는 정도로 간단한 기록으로 적는다. 필기도구와 메모장도 포켓사이즈로 주머니나 앞치마에 들어갈 정도로 하며, 가능하면 영유아의 안전을 위해 펜도 끝이 뾰족한 것보다는 뭉뚝한 것을 사용하도록 한다.

5) 실습생의 자세와 역할

실습생은 실습 기관의 교육·보육 목적과 방침을 이해하고 이를 달성하기 위해 적극으로 참여하고 협력해야 한다. 또한 실습 기관의 제반 규정을 준수하고, 실습생으로서의 자세와 역할을 숙지하여 실습의 목적을 이루어야 한다. 실습생의 자세와 역할을 살펴보면 다음과 같다.

(1) 실습생의 자세

① 근무 시간

- 실습 기관의 출퇴근 시간 규정을 따른다.
- 출근 시간을 엄수하고 무단결근, 지각, 외출 및 조퇴를 금한다. 부득이한 경우에는 사전에 실습 기관에 연락 및 사유서를 제출하여 허락을 받는다.
- 부득이한 사유로 실습 기관에서 결근 허락을 받은 경우라도 결근 일수만큼 다른 날짜에 실습을 하여 실습 일수를 맞추어야 한다.
- 근무 시간 중에는 영유아교육기관의 외부로 외출하지 않으며, 부득이한 경우는 허락을 받은 후 잠시 외출하도록 한다.

- 매일 정해진 시간에 출근하여 출근부에 날인하도록 하고, 퇴근 시 실습 지도 교사와 원장에게 허락을 받고 퇴근한다. 실습은 평일(월~금) 일일 8시간을 원칙으로 하나 실습생은 일반 출근 시간보다 조금 일찍 출근을 하는 것이 바람직하다. 출퇴근 시 만나는 교직원들과 반갑게 인사를 나누도록 하며, 실습지도 교사보다 먼저 퇴근하게 되는 경우에는 예의 바른 모습으로 허락을 받도록 한다.

② 복장 및 용모

- 복장과 용모는 항상 청결하고 단정하게 한다.
- 영유아의 안전과 위생을 위해 긴 머리카락의 경우 단정히 뒤로 묶는다. 지나치게 밝은 노란색 등의 염색은 피하도록 한다.
- 지나친 향수나 몸에서 나쁜 냄새가 나지 않도록 한다.
- 이름표는 왼쪽 가슴에 착용한다
- 지나치게 화려하거나 노출이 심한 복장은 피한다(민소매 옷, 무릎 위로 올라가는 짧은 치마나 짧은 바지, 속이 훤히 비치는 옷, 몸에 딱 붙는 옷 등).
- 속옷을 잘 갖추어 입는다.
- 계절, 목적, 장소에 적절한 옷을 입는다.
- 짙은 화장은 피하고 자연스런 메이크업을 하도록 한다. 인조 속눈썹이나 색깔 콘택트 등은 피하는 것이 좋다.
- 긴 목걸이나 귀걸이 등 실습생이나 유아의 안전상 문제가 될 수 있는 액세서리나 장신구 등은 피한다.
- 손톱은 짧게 깎고, 손은 언제나 청결하게 관리한다.
- 실내에서는 실내화 또는 덧신 및 양말을 꼭 신는다(맨발 금지).
- 실내·외에서 굽이 높은 신발이나 슬리퍼는 신지 않는다.

③ 언어 사용

- 음성의 톤이 너무 높거나 빠르지 않도록 유의하며 부드럽게 이야기하며, 영유아의 의사를 적극 수용하도록 한다.
- 발음은 분명하게 하며 되도록 표준어를 사용한다. 속어나 비어는 사용하지 않도록 한다.
- 부모들에게 예의 바른 언어를 사용하며, 영유아를 부를 때는 이름을 부르고 어긋난 언어를 사용하지 않는다(야!, 너!, 혼날래? 등).
- 교직원 및 구성원들에게 잘못된 언어 표현을 사용하지 않도록 주의하며, 적절한 언어적 표현을 구사한다. 예를 들면 다음과 같다.

선임 교사(허 선생님)의 말을 원장에게 전할 때

원장님, 허 선생님이 현장실습 예약 확인했다고 합니다. ○
원장님, 허 선생님께서 현장학습 예약 확인했다고 합니다. ×
원장님, 허 선생님께서 현장학습 예약 확인하셨다고 합니다. ×

원장의 말을 선임 교사에게 전할 때

원장님이 교육 계획안 가져오라고 합니다. ×
원장님께서 교육 계획안 가져오시라고 합니다. ×
원장님께서 교육 계획안 가져오라고 하십니다. ○

선임 교사에게 원장의 부재를 알릴 때

원장님은 외출 중입니다. ×
원장님은 외출 중이십니다. ○
원장님 없던데요. ×

원장에게 선임 교사(허 선생님)의 부재를 알릴 때

허 선생님은 교사실에 안 계십니다. ×

허 선생님 어디 가던데요. ×

허 선생님은 교사실에 없습니다. ○

④ 교수 자료 및 기자재 사용

- 실습 기관의 비품 및 기자재는 함부로 다루거나 사용하지 않으며, 사용하고자 할 때는 실습지도 교사와 및 담당자에게 사전 문의 및 허락을 받고 조심스럽게 사용 방법에 유의하여 사용한다.
- 교재·교구 제작은 실습지도 교사와 반드시 사전에 협의하여 교육·보육 활동에 필요한 것을 제작하도록 한다.
- 수업에 필요한 교재·교구 제작, 환경에 필요한 재료를 실습 기관에서 제공받아 사용하게 될 경우 실습 후 실습 기관에 제출하는 것이 바람직하다.

⑤ 실습생의 태도 및 유의 사항

- 실습하는 동안 밝은 표정과 긍정적이고 적극적인 자세로 실습에 임한다. 영유아교육기관의 교직원, 영유아, 학부모는 물론이고 유아교육기관을 방문하는 모든 방문객에게 인사하며 항상 밝고 친절한 모습으로 대한다.
- 학급의 반 배정은 원장 및 기관의 권한이다. 자신이 희망하는 연령의 학급을 맡기 위해 지나친 자기주장은 하지 않는 것이 바람직하다.
- 수업 시간 내에 개인 일은 하지 않으며, 팔짱을 끼거나 뒷짐 지는 태도는 보이지 않는다.
- 언어뿐 아니라 비언어 행동, 즉 표정, 손짓, 몸짓, 제스처 등도 품위를 지킨다.
- 실습 중 영유아가 다치거나 문제가 생기는 등 응급 상황이 발생했을 때는 즉시 실습지도 교사에게 알린다.
- 각종 제출물은 기일을 엄수하여 제출한다.

- 학부모 질문 시 친절한 태도로 실습생임을 밝히고 지도 교사에게 안내한다.
- 실습 중 휴대폰 사용을 금하고 교실에 휴대폰을 가지고 들어가지 않는 것이 바람직하다.
- 실습 기관에서의 흡연은 절대 금한다.
- 커피 및 음료는 교실 이외의 정해진 장소에서 음용한다.
- 분리수거함 등을 파악하여 실습 기관의 환경 기준에 불편함을 주지 않도록 한다.
- 동료 실습생들과 존대어를 사용하며 불필요한 이야기를 하지 않는다.
- 실습 중에 기관과의 어려움이 있을 시 교사나 원장과 상담하며, 실습생의 부모님을 동원하지 않는다.

⑥ 실습생의 윤리 규정

실습생은 실습을 통하여 예비 교사로서의 전문성을 높여 나가야 하고, 영유아의 바람직한 인성 형성을 돕기 위해 높은 윤리와 도덕적 규범을 갖추어야 한다. 실습생이 지켜야 할 윤리 규정을 준수하도록 한다.

- 실습생은 신체적, 정서적, 사회적으로 건강해야 한다.
- 영유아를 존중하고 편견이나 차별 없이 그대로 수용해야 한다.
- 영유아를 돌보고 지도하는 것을 즐거워하며 인내심이 있어야 한다.
- 실습지도 교사 및 실습 기관의 모든 구성원에게 공손하며, 예의를 지키고 존중한다.
- 실습생 상호 간에 존중하고 예의를 지킨다. 호칭은 '○○○ 선생님'으로 한다.
- 특정 영유아를 편애하거나 언어적, 신체적 처벌 및 상벌을 하지 않는다.
- 실습생이 학부모와 상담을 직접 하지는 않도록 하며, 개인적 관계를 갖지 않도록 한다.

- 실습지도 교사가 지도하기 전에 실습생으로서 자신이 해야 할 일들을 미리 솔선수범하여야 한다.
- 유아 신상에 관련된 사항(주민등록번호, 질병, 가정사 등)을 외부로 유출하지 않는다.
- 실습 기관의 내부 정보를 외부로 유출하지 않는다.
- 영유아의 사진이나 이름, 실습 기관명 등의 내용을 실습생 개인의 블로그, SNS, 트위터 등에 올리지 않는다.

(2) 실습생의 역할

실습생은 수업 관찰, 참여, 교사 보조, 수업 준비 보조, 수업 진행 등 수업 관련 수업이 주를 이루는데, 이에 따른 역할에 대해 숙지하도록 한다.

① 교육·보육 일과 및 수업 관찰

- 실습지도 교사의 교수 행위 및 영유아와의 상호 작용 등을 관찰한다.
- 교육·보육 프로그램 전반에 대해서 관찰한다.

② 유아 행동 및 활동 관찰

- 영유아들의 흥미, 특성, 발달 등을 관찰한다.
- 영유아교육기관의 실내·외 환경 및 시설·설비를 관찰한다.

③ 교육·보육 활동 계획안 작성 및 실시

- 교육·보육과정을 계획한다.
- 교수 자료를 준비, 제작한다.
- 교육·보육 환경을 구성한다.
- 교육·보육 활동을 진행한다.
- 영유아를 지도하고 상호 작용한다.
- 교사로서의 역할을 평가하고 연구한다.

④ **교수 자료 준비 및 연습**

- 활동 진행 순서를 정확히 암기하거나 연습한다.
- 활용할 교수 자료(그림, 융판 자료, 손인형 등)를 직접 조작하고 연습해 본다.
- 기자재를 활용할 경우 작동 여부를 확인하고, 전기류의 기자재인 경우는 전기 콘센트 등을 확인하며 사용법을 익힌다.
- 영유아들과 실시할 실험은 미리 실행하여 결과가 예상대로 되는지 확인한다.
- 동화 구연 시 인물 묘사를 위해서 목소리 변성 등의 연습을 한다.
- 효과적인 발문을 연습한다.
- 수업 준비물은 영유아들이 보지 않는 곳에 바구니나 상자에 담아서 둔다.

⑤ **실습일지 작성 및 매일의 자기 평가**

- 부분 수업이나 연계 수업, 전일 수업 등 교육·보육 활동 계획안을 사전에 실습지도 교사에게 제출하여 지도 및 검토 받는다.
- 교육·보육 활동에 대한 실습일지는 매일 기록한다.
- 실습에 대한 자기 평가를 일지에 매일 기록하며, 실습지도 교사에게 피드백을 받는다.

⑥ **보조 교사 역할 수행**

- 교수 자료 및 교구 등 자료 제작을 돕는다.
- 실내·외 환경의 정리, 청결, 구성을 돕는다.
- 교육·보육 활동의 진행을 돕는다.
- 영유아들의 건강, 안전, 영양 관리 및 지도를 돕는다.
- 교실의 정리 정돈을 돕는다.
- 기타 교사의 행정 업무를 돕는다.
- 무엇을 도와야 할지 모르거나 파악이 안 될 때는 "제가 무엇을 도와 드

릴까요?", "제가 할까요?" 등으로 교사에게 물어보며, 상황에 맞게 민첩하고 민감하게 행동한다.

영유아교육기관의 하루 일과 중 실습생의 역할을 정리하면 표 2-2와 같다.

표 2-2 실습생의 하루 일과 중 역할

구분	실습생들의 역할 내용
실습생 출근과 영유아의 등원	• 출근하면서 실습 기관의 교직원들과 밝은 미소로 인사를 나눈다. • 출근하자마자 교실의 창문을 열어서 환기한다. • 교실의 정리와 자료들의 위치를 확인한다. • 그날의 교육 · 보육과정을 확인하고, 필요한 자료를 파악한다. • 기타 시설을 살펴본다. • 영유아들과 부모를 따뜻하게 맞이한다. • 교사의 키 높이를 낮추고 영유아들에게 반갑게 인사한다. • 영유아의 건강 상태 및 감정 상태를 살펴본다. • 영유아들이 옷을 벗고 정리하는 것을 돕는다. • 영유아들이 출석 표시하는 것을 돕는다. • 가방 속 물건(약, 개인 용품 등)이나 학부모 전달 사항 쪽지를 확인하여 담임 교사에게 전달한다. • 소지품은 반드시 이름이 적혀 있는지 확인하고 이름이 없으면 적어 준다. • 영유아들이 활동을 시작하도록 돕는다.
대 · 소집단 활동	• 영유아 뒤에 위치하도록(유아들의 손이나 시선이 닿지 않는 곳) 한다. • 활동하는 유아들을 관찰한다. • 유아들이 교사에게 집중할 수 있도록 도와준다.
전이 활동	• 영유아들의 장난감 정리, 손 씻기, 화장실 가는 것을 도와준다. • 영유아들이 스스로 할 수 있도록 격려한다.
실내자유선택 활동	• 영유아들과 상호 작용하며 놀이에 참여한다(놀이에 방해되지 않도록 주의). • 놀이에 참여하지 못하는 영유아들과 놀이하거나, 참여하도록 돕는다. • 영유아들에게 책을 읽어 준다. • 실내자유선택 활동 시간 중 영유아들의 놀이를 관찰한다. • 영유아들의 문제 상황 발생 시 교사에게 전달한다. • 놀이가 끝난 후에 유아들이 자료를 정리하도록 격려한다.
정리 정돈	• 놀이 시간이 끝나기 5분 전에 예고해 준다. • 영유아들이 스스로 정리할 수 있도록 이야기해 준다.
실외놀이	• 위험한 놀이나 행동을 살피고 안전하게 놀도록 유도한다. • 영유아들과 상호 작용하며 안전하게 놀이한다.

구분	실습생들의 역할 내용
간식 · 점심	• 영유아들이 손을 씻은 후 간식 · 점심이 이루어질 수 있도록 도와준다. • 바른 자세로 먹을 수 있도록 격려한다. • 간식과 점심의 메뉴를 영유아들에게 알려주고, 맛있게 먹을 수 있도록 격려한다(밥이나 반찬을 억지로 먹이지 않도록 함). • 식사 도중 영유아들의 식사 상태를 살핀다. • 음식을 토하는 영유아가 있으면 더럽다는 내색을 하지 말고 닦아 주고, 치운 후 지도 교사에게 상황을 알린다. • 식사 후 영유아들의 정리를 도와준다.
이 닦기와 손 씻기	• 양치질, 손 씻기를 도와준다. • 칫솔이 바뀌지 않도록 주의한다. • 영유아의 칫솔을 교체해야 할 경우 지도 교사에게 전달한다. • 영유아가 욕실 바닥에서 미끄러지지 않도록 주의한다. • 영유아들끼리 욕실에서 물을 뿌리며 장난하지 않도록 주의한다. • 화장실과 세면장 바닥이 청결하고 물기가 없는지 확인한다. • 유아가 사용할 마른 수건과 비누가 있는지 확인한다.
낮잠 자기	• 잠자리 준비(잠옷 갈아입기, 이불과 베개 준비)를 돕는다. • 낮잠을 잘 수 있도록 암막 커튼을 내리고, 실내 온도를 적정 온도로 맞춘다. • 낮잠 자는 것을 힘들어 하는 영유아의 경우 억지로 재우지 말고 조용히 쉴 수 있도록 한다. • 잠자는 동안 토하는 영유아들의 상태를 잘 살피며, 절대로 자리를 뜨지 않도록 한다. • 땀을 많이 흘린 유아는 속옷을 갈아입혀 준다.
평가 및 귀가지도	• 영유아와 부모에게 인사를 한다.
유아 귀가 후	• 교재 · 교구 정리 및 교실 청소를 돕는다. • 실습일지, 영유아 관찰일지를 기록한다. • 수업 및 활동을 준비한다. • 하루를 정리하고 다음 날 수업 및 활동을 준비한다.
귀가	• 화장실 다녀오는 것을 도와준다. • 옷과 가방 챙기는 것을 도와준다(자기 물건 챙길 수 있도록 돕기). • 즐거운 마음으로 귀가할 수 있도록 인사한다.

※ 투약

- 부모의 투약 요청을 받았을 경우 반드시 지도 교사에게 알린다.
- 약봉지에 영유아의 이름을 기입하며, 투약 시간 및 횟수 등을 확인한다. 영유아 개인 투약함에 꽂아 놓는 것이 좋다.
- 지도 교사의 요청으로 투약했을지라도 반드시 지도 교사에게 투약 결과를 알린다.
- 부모나 지도 교사의 요청이나 지시가 없을 때 영유아의 말만 듣고 투약하지 않으며, 임의 처방 및 투약은 절대 금물이다.

CHAPTER

03

현장실습의 내용

현장실습일지 | 교육·보육 활동 계획안 | 부분 수업 활동 계획안의 작성 | 단위 활동 지도 방법 | 연계 및 전일 수업지도 방법 | 일과 활동에 대한 지도 방법 | 교육·보육 활동 실습 평가 | 유아 관찰

CHAPTER 03

현장실습의 내용

이 장은 현장실습을 수행하면서 경험하게 되는 구체적인 내용들을 안내하는 장이다. 현장실습생이 실습 기간 동안 무엇을 어떻게 하였고, 그 과정에서 무슨 의미를 발견하게 되었는지 매일매일 기록하는 현장실습일지 작성, 교사 역할을 수행하면서 작성하는 각종 계획안 작성 원리, 일과 운영 방법 및 평가 방법, 영유아 관찰 기술 등 현장실습을 수행하는 데 꼭 필요한 실제적인 내용을 다루고 있다. 이러한 내용의 숙지를 통해 구체적인 실습 준비를 한다면 보다 자신감을 가지고 실습에 임할 수 있게 될 것이다.

1 현장실습일지

현장실습일지란, 실습하면서 경험한 내용을 날짜별로 적어 놓은 기록을 말한다. 교육 활동, 환경 구성, 평가 내용, 영유아 관찰, 실습생 소감 등 하루 일과 동안 경험한 다양한 실습 내용을 매일 충실히 기록함으로써 실습생은 실습 경험의 의미를 되새겨 볼 수 있을 뿐만 아니라 실습생으로서의 자질을 갖추어 가면서 성장하는 자서전적 기록으로 활용할 수 있다. 실습생은 실습일지에 자기가 체험한 것, 느낀 것, 생각한 것 등을 기록하여 실습 내용을 새로운 각도에서 조망하고 다음 실습을 연구하는 데 귀중한 자료로 삼을 수 있다. 또한 지도 교사는 실습일지를 통해 실습생이 교사로서 성장해 가는 과정을 알고 적절한 지도를 할 수 있도록 도와주며, 상호 의사소통의 장으로 활용할 수 있다. 지도 교사는 실습생에게 평가와 피드백의 자료를 제공하며 실습생은 실습 과정을 검토하고 분석함으로써 새로운 문제의식과 영유아에 대한 실천적 이해를 심화시킬 수 있다.

현장실습일지는 실습생의 현장실습 내용을 파악할 수 있고 현장실습기관의 현장실습지도가 충실히 이루어졌는지 알 수 있는 공식적인 문서로서 교원 양성 기관에 따라 특색을 달리하여 구성할 수 있다. 그러나 대체로 실습생 출근부, 실습 기관의 현황, 실습 일정, 현장실습 내용, 유아 관찰 및 행동 연구, 현장실습 평가, 환경 구성 등은 공통적으로 포함되는 요소이다.

1) 출근부

현장실습생 출근부에는 현장실습 기간을 명시함과 동시에 근무 여부가 확인·기록되어야 한다.

- 실습생은 현장실습 일자를 기록하고 출근 여부와 근무 시간을 날인한다.
- 결석 사유가 발생할 경우 유아교육기관장, 현장실습지도 교사와 사전에 논의하여 결석한 날만큼 현장실습 기간 이후에 보충하여 현장실습 기간 및 시수를 충족시키도록 한다.
- 지각·조퇴 발생 시 실습 기관과 협의하여 부족한 시수를 반드시 보충해야 한다.

2) 현장실습 기관 현황

현장실습 기관은 현장실습 사전 교육 시 다음의 기관 현황 자료를 실습생에게 제공한다.

- 설립 이념, 소재지 주소, 연락처, 설립 유형(운영체), 연혁, 기관 특성
- 유아교육기관장 성명, 연령별 학급 수 및 영유아 수, 교직원 현황 등
- 환경 구성 배치도
- 연간, 월(주)간 교육 활동 계획안 및 기타 교육 프로그램 관련 자료
- 현장실습 학급의 유아 연령, 환경 구성, 교사 대 영유아 비율, 일과 운영 자료 등

3) 현장실습 일정

실습의 원활한 진행을 위하여 현장실습 기관, 실습지도 교사, 실습생이 함께 대략적인 현장실습 일정에 대해 이야기를 나누고 내용을 간략하게 기록한다. 이를 통해 현장실습 기관 및 실습지도 교사와 실습생 간의 원활한 의사소통 및 체계적인 실습 진행에 도움을 받을 수 있다. 현장실습의 주차별, 요일별 내용은 현장실습 기관과 현장실습 학급의 연령에 따라 다를 수 있다.

4) 일일 현장실습일지의 기록

현장실습일지는 날짜, 날씨, 결재란, 생활 주제, 주제, 소주제, 일일 목표, 일과 운영에 따른 교육 내용, 현장실습생 소감, 지도 교사의 조언 등으로 구성되어 있다. 실습생이 작성한 현장실습일지는 지도 교사가 점검하고 지도한다.

TIP 보육일지의 구성

- 보육일지의 경우는 생활 주제란이 없으며, 주제와 소주제로 구성되어 있다.

(1) 날짜, 날씨, 결재란

날짜와 날씨는 교육 내용에 영향을 미치는 중요한 요인이다. 날씨 및 월초·월말, 주초·주말 등의 일정에 따라 교육 내용이 달라질 수 있다. 아울러 결재는 사실과 다름없이 기록되었음을 증명하므로 현장실습생, 현장실습지도 교사, 기관장이 날인하도록 한다.

- 현장실습이 이루어진 날짜와 요일을 기록한다.
- 그날 날씨의 주된 특성과 일과 운영과의 관련성을 파악한다.
- 현장실습 기관장은 실습생의 현장실습일지 기록과 현장실습지도 교사의 지도 사항을 확인·점검한 후 결재한다.

(2) 생활 주제, 주제, 소주제, 목표

- 교육·보육 내용의 기초라 할 수 있는 생활 주제, 소주제 및 목표 등을 기술한다.
- 생활 주제, 소주제는 월(주)간 교육·보육 활동 계획안을 참고한다.
- 목표는 그날의 학급 운영 목표에 해당하는 내용으로, 현장실습지도 교사는 현장실습생에게 당일 일과를 시작하기 전에 이에 대한 내용을 기록하여 전달한다. 현장실습지도 교사에게 목표에 대한 안내를 사전에 받지 못 했을 경우, 당일 진행된 수업 활동(이야기나누기 또는 주요 수업 활동)을 중심으로 실습생이 목표를 추론하여 적은 후 실습지도 교사에게 사후 확인받도록 한다.

(3) 일과 운영에 따른 교육 내용

현장실습일지는 실습생이 현장실습 기간 동안 자신의 현장실습 내용을 정리·분석하여 반성하는 기록 공간으로 현장실습생과 지도 교사와의 의사소통의 장이라 할 수 있다. 현장실습생은 학급에서 이루어지는 일과 운영을 구체적으로 기록하되 의미 없는 내용을 기계적·반복적으로 기록하지 말고, 활동과 경험의 의미를 반성적으로 사고하면서 기록화하도록 한다.

- 일과 운영 시간 흐름에 따른 교육 내용을 기록한다.
- 활동 목표, 활동명, 활동 자료, 활동 방법을 기록하되 현장실습생은 활동에서 의미 있었던 바를 구체적으로 기록한다.
- 흥미 영역별로 영유아의 놀이 양상과 현장실습지도 교사 또는 현장실습생의 영유아지도 내용을 기록한다.
- 현장실습지도 교사 또는 현장실습생과 영유아의 상호 작용과 갈등 해결 등의 행동지도 내용을 기록한다.
- 급식·간식 등의 일상생활지도와 영유아와 현장실습지도 교사 또는 영유아와 실습생의 상호 작용 내용을 기록한다.
- 일지에 첨부할 유인물이나 사진 자료가 있을 경우 반드시 실습지도 교사, 원장에게 사전 허락을 받은 후 사용하도록 한다.
- 하루의 교육 내용을 기록한 후에 수정, 보완할 사항이나 다음 날의 연계 아이디어와 같이 추가 사항이 발생할 경우 다른 색깔 펜으로 내용을 추가 기록하거나 메모지에 내용을 기록하여 부착할 수 있다.
- 실습일지 양식의 사용은 대학에서 제공된 양식만을 고집하지 말고, 실습 기관의 지도에 따라 융통성 있게 활용하도록 한다.
- 본인의 실습 전 과정을 되돌아볼 수 있는 좋은 자료로 삼을 수 있다는 일지 작성의 목표를 가지고 구체적이면서도 본인에게 도움이 될 수 있도록 기록하는 데 중점을 둔다.

TIP 현장실습일지 작성 지도

- 지도 교사는 현장실습일지 작성 방법에 대해 실습생과 충분히 협의하고 안내한다. 지나치게 상세한 기록 또는 과도한 생략 및 구체성이 부족한 기록 등은 실습생의 반성적 사고 과정과 실천적 지식의 형성을 어렵게 할 수 있다.

(4) 현장실습생 소감

하루 동안 학급에서 현장실습생으로서 관찰, 참여, 영유아지도를 경험하면서 느낀 소감이나 의문 사항을 기록하되 반성적으로 사고할 수 있도록 다음과 같은 내용을 중심으로 작성한다.

- 일과 중에 인상 깊었던 현장실습지도 교사와 영유아의 상호 작용에 대한 내용
- 하루 일과 중 새롭게 발견한 영유아의 발달적 특성에 대한 내용
- 학급에서 현장실습생으로서의 역할과 자세에 대한 자기 평가
- 교육·보육 활동 실습 시 예상했던 대로 되지 않았던 사항의 원인 분석 내용
- 현장실습지도 교사가 지시한 업무를 수행하면서 배운 점
- 기타 일과 운영 및 상호 작용에 대한 궁금한 사항

TIP 실습생 소감의 사례

- 유아들이 게임 활동에 즐겁게 참여한다는 것을 알 수 있었다. 다음부터 교구를 만들 때에는 조금 더 크게 만들어서 유아들이 자기 자리에 앉아 일어나지 않아도 잘 볼 수 있도록 만들어야겠다고 생각이 들었다. 또한 소외되거나 토라진 유아가 있을 경우 말로 상호 작용하여 유아를 보듬어 줄 수 있어야겠다는 생각이 들었다. 유아들을 볼 때에는 시야를 항상 넓게 가지며 다양한 방면으로 생각할 수 있어야겠다고 생각이 들었다.
- 아이들이 즐거워하고 집중해 주어서 우선은 기분이 좋았다. 수업이 끝나고서도 아이들은 질문이 참 많았다. 단지 아쉬움이 있다면 동화 제작이 미흡했다는 점이다. 또 사전에 연습을 하지 못해 동화 구연 중에 실수를 많이 했다. 다음번 수업에는 똑같은 실수를 하지 말아야겠다.

(5) 현장실습지도 교사의 조언

현장실습지도 교사는 당일 현장실습생을 관찰하고 지도한 내용이나 현장실습생의 소감을 바탕으로 조언을 적는다. 무엇보다 실습생이 소감을 솔직하게 쓸 수 있도록 수용적이고 신뢰가 있는 분위기를 만들어 주며, 실습생이 하루 일과를 보내면서 수행한 역할과 태도 등을 평가하고 조언해

준다. 실습생의 소감란에 기술되어 있는 질문에 대하여 친절하게 답변해 주며, 실습생의 수고에 대하여 칭찬과 격려를 해주고, 어려움에 대하여 공감과 용기를 북돋워 준다.

TIP 지도 교사 조언 사례

- 첫 수업이라 긴장이 되었을 텐데 자연스럽게 전개해 주시더군요. 단순한 그림 동화가 아닌 중간에 물체의 움직임이 있어 아이들의 호기심을 끌고 주의 깊게 들었습니다. 동화의 순번은 뒤쪽부터 준비가 되어야 더 좋았을 것 같아요. 손 조작은 미리 연습을 하여 익숙하게 조작이 되었으면 하는 아쉬움이 있네요. 준비하느라 수고 많으셨어요. 즐거운 동화 시간이었습니다.

5) 가정 연계 및 행사

현장실습생은 실습 기간 중 현장실습 기관과 가정과의 연계 및 행사 자료를 지도 교사에게 제공받아 현장실습일지에 정리·보관한다.

- 가정 통신문
- 부모교육 자료
- 영유아 일일 관찰 기록
- 가족 행사 계획서(일정 및 업무 분담표) 및 평가서

6) 영유아 관찰 및 행동 연구

현장실습지도 교사는 실습생이 실습 기간 중 영유아 관찰 및 행동 연구 기회를 갖도록 지도한다. 현장실습생은 영유아 행동 특성을 관찰하여 기록하고, 그에 따른 영유아 행동지도는 현장실습지도 교사와 함께 계획하여 실행한다.

- 영유아 행동 특성 및 원인에 대해 현장실습지도 교사와의 협의 내용을

진술한다.

- 영유아 행동지도 전후 행동의 변화 양상을 관찰·기록한다.

7) 현장실습 평가

현장실습일지에서 평가 부분은 현장실습생의 자기 평가와 현장실습지도 교사와 유아교육기관장의 평가 내용, 현장실습 평가회에서 받은 조언 등을 기록한다.

❷ 교육·보육 활동 계획안

현장실습생은 현장실습 기간 동안 영유아를 대상으로 직접 수업 활동을 실시해 보는 기회를 갖게 된다. 실습생이 수업 활동을 원활히 진행하기 위해 사전에 활동 주제에 부합되는 수업 계획안을 작성하고 실습지도 교사에게 피드백을 받는 과정이 필수적이다. 기관이 미리 실습 일정표에 수업 주제의 선정과 활동의 종류를 제시해 주는 경우도 있지만, 실습이 진행되는 과정에 실습생이 주제와 활동 종류를 선정하고 지도 교사와 의논하여 결정하는 경우도 있다. 주제가 선정되어 수업 활동을 계획·실시하는 과정은 기존에 진행되고 있는 수업 주제와 연계성이 있으면서 통합적으로 이루어져야 한다.

1) 활동 목표

활동 목표는 영유아보육·교육과정(누리과정·표준 보육과정)에 기초하여 지식, 기술, 태도가 통합적으로 달성될 수 있도록 진술하며, 교육·보육 활동을 통해 영유아에게 기대하는 내용 혹은 교육·보육 활동 시 영유아가 경험할 내용을 구체적으로 기술한다. 누리과정, 표준 보육과정의 내용 및 목표와 실습생이 계획한 활동 목표와의 연계성을 고려하는 것도 목표 진술에서 중요한 사항이다. 목표 진술의 방법은 조건, 준거, 도달점 행동이 명확하여 목표 달성의 여부를 분명하게 파악하기 쉬운 행동적 목표 진술과 활동 환경과 경험의 의미에 강조를 두는 표현적 목표 진술이 있다. 어느 진술 방법이 더 좋고 나쁨이 있는 것이 아니라 활동에 따라 적절한 진술 방법을 선택하여 사용할 수 있다는 데 의의가 있다.

TIP 행동적 목표 진술의 예

- **조건(condition) + 준거(criteria) + 도달점 행동(terminal behavior)**
  조건: 도달점 행동이 일어나는 학습 조건
  준거: 학습자가 어느 정도로 해야 잘했다고 할 수 있는지를 밝히는 것
  도달점 행동: 수업을 통해 달성하려는 행동 특성

행동적 목표의 진술의 예:

1부터 5까지의 숫자를(조건) 순서대로(준거) 배열할 수 있다(도달점 행동).

축구공을(조건) 1미터 떨어진 곳에서 발로 차(준거) 골대에 넣는다(도달점 행동).

TIP 표현적 목표 진술의 예

- **상황(situation) + 문제(problem) + 과제(task)**
  상황: 학습 활동이 이루어지는 환경
  문제: 학습자가 학습 활동을 할 때 어디에 의미를 두는가를 밝히는 것
  과제: 학습자가 학습 활동에 둔 의미를 표현하는 방법

표현적 목표 진술의 예:

신데렐라 동화를 듣고(상황) 신데렐라 공주에 대해 느낀 것을(문제) 그림으로 표현한다(과제).

나뭇가지, 점토, 종이 재료를 이용하여(상황) 좋아하는 숲 속 동물을(문제) 창의적으로 만든다(과제).

2) 활동 자료

수업 활동에 필요한 활동 자료는 실습생이 제작하는 것이 기본이다. 그러나 실습 현장에 따라 기관의 자료를 활용하도록 허용하는 경우도 있으므로, 현장실습 기관에 비치되어 있는 자료를 활용, 또는 변형해 사용해도 되는지의 가능 여부를 파악하는 것도 도움이 된다. 새로운 제작이 필요하다면 재료, 제작 방법, 활용법을 구체적으로 계획하고, 필요 이상의 시간과 자료 낭비가 없도록 현장실습지도 교사와 충분한 사전 협의를 하여 제작하도록 한다. 제작할 경우 영유아들의 활용이 용이하도록 안전 및 견고성, 보관 방법의 편리함 등을 세심히 고려하여 제작해야 한다.

3) 활동 방법

교육·보육 활동 목표의 성취를 위한 활동 단계, 내용과 방법(상호 작용)을 계획한다. 활동의 진행 방법은 영유아의 흥미를 불러일으키는 단계인 도입 단계, 주제 및 목표와 부합되는 활동의 실제적인 전개가 다양한 형태로 이루어지는 전개 단계, 활동을 마무리하고, 의미와 경험에 대한 소감을 나누거나 활동 평가를 공유하는 마무리 단계로 진행되는 것이 일반적이다. 실습생은 각 단계별 특성을 반영하여, 핵심 발문을 계획하고 예상되는 영유아의 반응을 생각해 본다. 활동 시간은 영유아의 연령, 흥미, 사전 경험에 기초하여 계획하는 것이 바람직하다. 현장실습생의 경우 유아를 대상으로 한 실제 수업지도의 경험이 부족하므로 수업 진행의 기술적인 면에서 부족함이 있을 수 있다. 그러므로 발문, 자료 제시 순서, 움직이는 동선, 돌발 상황 등에 대해 보다 구체적으로 계획을 하도록 한다. 즉 영유아들이 흥미를 보이지 않았을 경우, 너무 과도한 흥미를 보였을 경우, 다른 대답이 나와 그것과 연결을 해야 할 경우 등 예상되는 상황을 사전에 생각해 보고 그에 대한 구체적인 대책을 계획하도록 한다.

4) 확장·연계 활동

영유아의 전인적인 성장과 발달을 위해서는 각각의 단위 활동이 주제를 중심으로 통합적인 경험으로 완성되어야 한다. 그러므로 영유아들의 경험이 주제를 중심으로 심화·확장될 수 있도록 진행된 수업을 낱낱의 활동으로만 끝내는 것이 아니라 연계할 수 있는 활동 아이디어를 기록한다. 사용한 교육·보육 활동 자료나 결과물을 활용할 수 있는 실제적인 방안으로, 예를 들어 봄꽃에 대해 이야기나누기를 수업 활동으로 진행한 경우 '봄 동산 꾸미기' 쌓기 활동이나 '봄 꽃밭 그리기' 미술 활동, '봄꽃 향기를 맡으면 떠오르는 말' 언어 활동 등을 연계하여 봄꽃에 대한 유아들의 이해를 심화·확장할 수 있도록 계획한다는 뜻이다.

5) 유의 사항

교육·보육 활동 진행 시 예상되는 어려움과 이에 대한 예방·대책 전략, 수업 활동을 원활히 진행하기 위해 유념해야 할 구체적인 사항들을 기술한다.

3 부분 수업 활동 계획안의 작성

실습생이 실시하는 모든 단위 활동 수업이나 연계 수업, 전일 수업에 대해서는 미리 수업 활동 계획안을 작성하여 지도 교사의 지도를 받고, 지도에 따라 수정된 내용을 중심으로 수업 활동을 진행해야 한다. 대학에서 실습일지에 수업 계획안을 첨부하기도 하지만 실습 기관에 따라 수업 활동 계획안의 양식은 다를 수 있고, 실습 기관의 양식에 맞춰 작성하도록 한다. 그러므로 실습생은 지도 교사에게 사전에 수업 활동 계획안 양식에 대해 문의하는 것이 좋다.

수업 활동 계획안에는 생활 주제, 활동명, 생활 영역의 제시, 집단의 형태, 필요한 교재·교구의 제작과 교구명, 활동 목표, 활동의 과정인 도입, 전개, 마무리, 연계 활동, 유의점, 참고 문헌 등이 자세히 제시되어야 한다. 계획안은 수업이 실시되기 일주일 전에 지도 교사에게 제출하여 구체적인 내용에 대해 의논한 다음 피드백 받은 내용을 수정하여 수업에 임하도록 한다.

수업 계획안을 작성할 때에는 다음과 같은 점을 고려한다.

- 실습 일정표를 참고하여 수업 활동에 필요한 활동 자료를 준비한다.
- 수업 활동 계획안 작성 방법에 대해 지도 교사와 의논한다.
- 실습 시 수행하는 수업의 종류(부분 수업, 연계 수업, 전일 수업)에 따라 조직적이고 체계적인 계획을 세운다.
- 지도 교사에게 실습 기간 동안 실습생이 실시할 수업 주제를 미리 파악해 둔다.
- 실습생의 수업 계획안은 수업 일주일 전에 작성(목표 진술, 학습할 내용, 적절한 교수방법, 마무리 및 평가의 과정, 필요한 기자재 및 교재·교구 등)하여 지도 교사에게 사전 지도를 받고 수업에 임하도록 한다.
- 수업을 마친 후 지도 교사는 실습생의 수업에서 잘된 점, 개선 보완이 필요한 점에 대해 조언해 주고, 실습생은 지도 교사의 평가 내용을 기록하였다가 다음 수업 계획에 반영하도록 한다.

표 3-1 학교 현장실습 부분 수업 계획안의 예

활동 교육 계획안	검인	지도 교사	원감	원장
		○○○		

학급명	○○반(만 5세)	일시	20○○년 ○○월 ○○일(○)요일	실습생	○○○ (인)
생활 주제	세계 여러 나라	주제	세계 여러 나라	소주제	세계 여러 나라의 교류
활동명	우리나라의 수출입 상품에 대해 알아보아요			활동 유형	게임
활동 집단	대그룹 집단			활동 시간	약 1시간
목표	• 게임을 통해 눈과 손을 협응하여 소근육을 조절하며 친구와 협동하여 게임을 한다. • 우리나라의 자랑스러운 수출입 상품에 대해 안다.				
누리과정 관련 요소	• 신체 운동 · 건강: 신체 조절과 기본 운동하기 – 신체 조절하기 – 눈과 손을 협응하여 소근육을 조절해 본다. • 사회 관계: 다른 사람과 더불어 생활하기 – 친구와 사이좋게 지내기 – 친구와 함께 놀이한다. • 사회 관계: 사회에 관심 갖기 – 우리나라에 관심 갖고 이해하기 – 우리나라를 상징하는 것을 안다.				

시간	활동 내용	지도상 유의점 및 준비물
도입	1. 전 시간을 회상하며 우리나라의 자랑스러운 수출입 상품에 대해 알아본다. • 우리나라의 자랑스러운 상품에 대해 먼저 알아보도록 하자. (사진을 보여 주며 상품에 대한 이름과 이미지를 회상한다) 2. 오늘 할 게임에 대해 소개하기 • 다양한 상품의 사진을 가지고 어떤 게임을 할 수 있을까? • 게임을 할 수 있는 여러 가지 방법이 있겠구나. • 오늘은 우리나라가 외국에 파는 상품인지, 외국에서 사는 상품인지 분류해 보자.	1. 게임 대형에 맞게 마스킹테이프를 붙여 놓는다. 2. 유아들이 서로 부딪히지 않게 사전에 지도하도록 한다.
	1. 팀을 나누고 팀명 정하기 • 오늘 유치원 올 때 어떻게(무엇을 타고) 왔니? • 다양한 방법으로 왔네. 그럼 물건을 옮길 때도 운송 수단이 필요할 것 같은데, 어떤 운송 수단이 필요할까? • 우리가 운송 수단이 되어서 상품을 운송해 주면 어떨까? (게임 대형으로 바꾼다.) 선생님 앞으로 2줄로 서서, 마주 보며 옆친구와 악수하고 짝이 정해졌는지 확인해 본다. (악수를 하며 인원수를 확인하고 조정한다.) • 유아들과 함께 팀 이름을 정한다. 2. 게임 방법 설명하기 1) 게임을 시작하기 전에 우리나라의 상품에 대해 다시 보여 준다. 2) 각 팀의 제일 앞에 있는 친구들이 나와서 출발선 앞에 서서 우리나라의 상	

<table>
<tr><th>시간</th><th>활동 내용</th><th>지도상 유의점 및 준비물</th></tr>
<tr><td>전개</td><td>품 중 한 가지 사진을 선택한다.
3) 호루라기 소리를 듣고 출발한다.
4) 친구들이 정한 장애물을 넘고, 친구들의 반대쪽에 있는 판을 보고 자신이 선택한 상품이 수입 상품인지 수출 상품인지 구별해서 붙인다.
5) 다시 친구들이 정한 장애물을 넘어서 도착점으로 돌아온다.

3. 교사가 시범 보이기
• 사진을 고른다.
• 사진을 갖고 반대쪽 판이 있는 곳으로 친구들이 정한 장애물을 넘어 간다.
• 반대쪽으로 넘어가서 사진을 보고 수출입 상품인지 구별하여 붙여 준다.
• 사진을 붙인 후 다시 도착점으로 돌아온다.
(유아들의 이해 정도를 파악하고 필요하면 다시 시범을 보인다.)

4. 응원 구호 들어 보기
• 어떻게 하면 게임하는 친구들이 힘이 날까?
• 어떤 응원 방법이 가장 신날 것 같니? 왜 그렇게 생각했니?
(힘내라, 멋지다, 잘한다 등의 응원 구호 등을 정한다.)

5. 규칙을 정하고, 점수에 대한 설명하기
• 안전하고 즐거운 게임을 위해 필요한 약속은 무엇이 있을까?
(유아들이 말한 규칙을 정리해서 다시 말해 준다.)

※ 규칙
• 바른 자세로 나의 차례를 기다려요.
• 정답을 말해 주거나 이야기하지 않기
• 호루라기(출발 신호) 소리를 듣고 출발하기
• 출발할 때와 돌아올 때 장애물을 그냥 지나치지 않기
• 안전하게 게임하기
• 먼저 들어오는 팀뿐만 아니라 응원, 약속을 잘 지킨 경우에도 점수를 줄 수 있음을 이야기한다.</td><td>4. 장소의 안전성을 고려한다.
준비물: 우리나라의 수출품과 수입품의 사진을 준비한다.
장소: 강당</td></tr>
<tr><td>마무리</td><td>• 게임을 하면서 우리나라의 자랑스러운 상품은 어떤 것들이 있었니?
• 우리가 무엇이 되어서 움직여 보았었니?
• 게임 진행 시 규칙은 잘 지켜졌었니?
• 다음에 게임을 할 때는 어떻게 하면 더 재미있을 것 같니?</td><td></td></tr>
<tr><td>평가
(계획안에 대한 지도 교사 조언)</td><td colspan="2">유아들은 스스로 규칙을 지키며 게임 활동에 참여할 수 있습니다. 아이들에게 적절한 지도 방법을 통해 유아들이 어려움 없이 활동에 잘 참여할 수 있었습니다. 게임 활동 계획 시 아이들의 동선 및 반응에 대한 고려를 하여 계획한다면 게임 활동이 더욱 순조롭게 진행될 수 있습니다.</td></tr>
<tr><td>실행 후 실습생 평가</td><td colspan="2">유아들이 게임 활동을 즐겁게 참여한다는 것을 알 수 있었다. 다음부터 교구를 만들 때에는 조금 더 크게 만들어서 유아들이 자기 자리에 앉아 일어나지 않아도 잘 볼 수 있도록 만들어야겠다는 생각이 들었다. 또한 소외되거나 토라진 유아가 있을 경우 말로 상호 작용하여 유아를 보듬어 줄 수 있어야겠다고 생각했다. 유아들을 볼 때에는 시야를 항상 넓게 가지며 다양한 방면으로 생각할 수 있어야겠다고 생각한다.</td></tr>
</table>

표 3-2 보육실습 부분 수업 계획안의 예

<table>
<tr><td rowspan="2">제출일</td><td rowspan="2">○○○○년 ○○월 ○○일 ○요일</td><td rowspan="2">결재</td><td>실습생</td><td>지도</td><td>원장</td></tr>
<tr><td>㊞</td><td>㊞</td><td>㊞</td></tr>
</table>

실습생	○○○	지도 교사	○○○
반명	만 1세 ○○반	일시	○○월 ○○일 ○요일 오전 10:00~10:20
주제	좋아하는 놀이가 있어요	소주제	춤추고 놀이해요
활동명	털실 공을 굴려요.	흥미 영역/ 활동 유형	신체 활동
활동 목표	• 털실로 만들어진 공을 탐색한다. (자연 탐구: 탐구하는 태도 기르기 - 탐색 시도하기 - 주변의 사물에 대해 의도적인 탐색을 시도한다.) • 털실공을 굴리고 따라간다. (신체 운동: 신체 활동 참여하기 - 기구를 이용하여 신체 활동 시도하기 - 간단한 기구를 이용하여 신체 활동을 시도한다.)		

<table>
<tr><th colspan="2">활동 방법</th><th>활동 자료</th></tr>
<tr><td colspan="2">1. 털실공을 다양한 방법으로 탐색한다.
• 공을 잡아 보니 느낌이 어때요?
• 폭신폭신 부드럽네요.
• ○○가 공을 굴려 볼까요?
• 공끼리 부딪쳐 보자.

2. 공을 ○○에게 공을 굴려 본다.
• 선생님이 ○○에게 공을 굴려 줄게요, 데굴데굴.
• 공이 ○○에게 굴러가네. ○○가 공을 잡았구나.

3. 공을 굴리고 교사와 영아가 함께 따라가 본다.
• 털실공이 데굴데굴 굴러가네. 우리가 따라가 볼까?
• ○○야, 굴러가는 공을 따라가서 잡아 보자.</td><td>털실로 뜨개질을 해서 공에 씌우거나 공에 털실을 감는다.</td></tr>
<tr><td>확장 활동</td><td colspan="2">털실 외에 여러 가지 촉감공으로 촉감 탐색을 하며 활동을 진행할 수 있다.</td></tr>
<tr><td>유의 사항</td><td colspan="2">1. 털실이 입으로 들어가지 않도록 주의한다.
2. 털실공의 세탁이 가능하도록 공 모양으로 반씩 뜨개질한 후 공에 씌운 후 바느질로 엮어 주면 좋다.</td></tr>
</table>

출처: 보건복지부(2017).

❹ 단위 활동 지도 방법

실습생은 실습 기간 동안 이야기나누기, 동화, 동극, 동시, 게임, 신체 표현, 새노래 등의 다양한 단위 활동 수업을 경험하게 된다. 각 단위 활동별 지도 방법과 유의점은 다음과 같다.

1) 이야기나누기 지도

이야기나누기는 교사와 유아가 함께 모여 앉아 정보를 교환하거나 서로의 생각을 들어 보고 의사 결정하는 시간이다. 영유아가 경험해야 할 사회적 지식이나 하루 일과의 시작, 새로운 교구 및 자유선택 활동 후 평가와 관련된 내용을 전체 영유아와 함께 공유하는 시간으로, 이야기나누기 주제는 주로 하루의 일과 계획 및 평가, 날씨, 계절의 변화, 주변 사물이나 사회 현상, 경험 나누기, 토의, 사람들의 활동 등 일상생활에 관련된 것과 진행 중인 교육 주제와 관련된 것으로 이루어질 수 있다. 실습생이 주로 하는 이야기나누기 활동 형태는 주제에 따른 내용으로 실습생은 지도 교사에게 다음과 같은 점을 지도받아 수업 계획을 하여 영유아를 지도하도록 한다.

- 미소나 고개 끄덕임 등을 통해 이야기나누기 시간을 수용적인 분위기로 만들어 영유아가 다양한 질문과 의견을 제시하도록 격려한다.
- 연령에 따라 영유아의 집중 시간, 내용의 이해 정도, 경험의 범위가 다를 수 있으므로 영유아의 연령을 고려하여 활동을 계획한다.
- 수렴적·확산적 발문(정보 묻기, 정보 찾는 방법, 비교하기, 확인하기, 기억 돕기 등)을 적절히 활용하여 영유아가 다양하게 사고하고 이야기하도록 돕는다.
- 발문한 후 영유아에게 생각할 수 있는 시간적 여유를 충분히 준다.

- 영유아가 교구나 교재를 잘 볼 수 있도록 모이는 장소를 선택하고 원형, 반원형 2줄 대형으로 앉도록 지도한다.
- 다양한 교수 매체(그림 자료, 사진 자료, 책, 화보, 실물, 비디오, 시청각 기기 등)를 준비하여 영유아가 집중할 수 있도록 계획한다.
- 전체 영유아에게 고르게 시선을 두며 소극적이거나 산만한 영유아도 이야기나누기에 잘 참여할 수 있도록 배려한다.
- 다른 사람의 이야기를 경청하고 적절하게 답하는 교사의 태도가 중요하며, 영유아들이 즐겁고 적극적으로 참여하는 태도를 기를 수 있도록 돕는 것이 필요하다.

실습생이 이야기나누기 활동을 원활하게 진행하기 위해서는 주제의 이해를 돕고 흥미를 끌 수 있는 내용을 선정하며, 환경을 구성하고 이야기나누기에 사용될 매체 선정과 활동지도 시 고려할 점 등에 대해 잘 이해하고 그 내용을 적극 반영해 운영할 수 있도록 노력해야 한다.

내용 선정
• 하루의 일과 계획 및 평가 • 일상생활 이야기 • 날씨나 계절, 사회 현상의 변화 • 경험 나누기 • 보여 주고 말하기 • 토의하기 • 주제에 따른 이야기나누기
환경과 매체
• 조용하고 안정된 장소를 선택하되 장소의 크기와 유아의 수를 고려하여 배치 • 계절과 기후를 고려하여 계획하고 시기에 따라 시간 조절 • 전체 일과 운영에 따라 계획하되 매일 계획할 필요는 없음 • 옆 교실의 수업 진행 과정을 고려하여 서로가 방해를 받지 않도록 조정 • 영유아들의 흥미를 유발하는 다양한 교수 매체(인터넷 자료, 사진 자료, 신문, 책, 각종 미디어 자료 및 교사 자체 제작 자료 등) 마련 • 장소와 집단의 크기를 고려하여 좌석 배치 • 인터넷, 사진, 책, 신문 자료 등은 유아들이 이해하기 좋은 방법으로 제시하기 위해 주제에 맞춰

스크랩하거나 OHP 자료, 파워포인트 등으로 제작하여 사용
• 비디오, DVD와 컴퓨터 등의 미디어 자료는 주제와 활동 목적, 시간 등에 따라 필요 부분만 편집하거나 직접 촬영하여 사용

활동 과정	
도입	• 영유아의 발달 특성에 따라 주의 집중 시간을 고려하여 진행 • 하루 중에서 가장 집중이 잘되는 시간 선택 • 이야깃거리 제시, 영유아의 사전 경험 묻기, 이야기 주제와 관련된 매체(그림 자료, 실물 자료, 모형, 인형 등)를 제시하며 영유아들의 이야기나누기에 관심을 갖도록 함
전개	• 교사 중심으로 운영되기보다는 영유아들의 참여로 흥미가 지속될 수 있도록 함 • 영유아들의 이해 수준을 고려하여 바르고 정확한 언어를 사용 • 영유아들의 사고를 자극할 수 있도록 다양한 질문을 사용 • 영유아들의 요구, 흥미, 상황에 따라 이야기나누기 시간을 융통성 있게 운영 • 모든 영유아들이 발표의 기회를 갖도록 다양한 방법을 사용 • 실습생의 질문에 영유아가 답을 하지 못할 경우 질문의 형태를 바꾸어서 다시 질문하기 • 영유아가 실습생이 모르는 질문을 할 경우 함께 답을 찾아볼 것을 제안하거나, 질문에 완벽하게 대답해야 한다는 생각은 버리고 성심성의껏 이야기해 주거나 또래들이 대답할 수 있는 기회를 제공함
마무리	• 이야기나누기 활동에 대한 영유아들의 생각을 정리하며 확장 활동 혹은 연계 활동에 대한 안내를 함 • 영유아들이 흥미가 없을 경우 계획한 것을 끝까지 하려고 하지 말고 일찍 마무리하도록 함

유의점

• 영유아의 발달과 주의 집중 시간을 고려하여 10~20분 정도 진행
• 이야기나누기가 원활하게 이루어지도록 자리 배치, 이동
• 영유아들의 다양한 반응을 이끌도록 수렴적 질문과 확산적 질문을 활용
• 영유아가 질문에 대한 생각을 정리할 수 있는 충분한 시간적 여유를 제공
• 경청과 바른 태도로 말하기가 이루어질 수 있도록 교사가 모범을 보임

표 3-3 이야기나누기 활동 계획안 예시 1

활동명	창경궁에서 무엇을 보았나요?	생활 주제	나와 가족
연령	만 5세	활동 유형	이야기나누기
활동 목표	• 우리나라 문화재인 창경궁에 관심을 가진다. • 현장학습 때 본 것을 회상하여 말할 수 있다.		

누리과정 관련 요소	• 의사소통: 말하기 - 느낌, 생각, 경험 말하기 • 사회 관계: 사회에 관심 갖기 - 우리나라에 관심 갖고 이해하기
활동 자료	• 현장학습 사진(유아들이 명정전을 관찰하는 모습, 명정전의 외부와 내부), TV
활동 방법	• 어제 다녀온 곳이 어디인지 이야기한다. 어제 우리나라 문화재 중 어디에 다녀왔니? 창경궁 중에서 우리가 돌아본 곳은 어느 곳일까? 함께 사진을 보면서 무엇을 보았는지 이야기나누어 보도록 하자. • 창경궁 현장학습 사진을 보며 이야기나눈다. (사진을 보며) 이곳은 어디일까? 너희들은 명정전에서 무엇을 보았니? 가장 기억에 남는 것은 무엇이었니? 명정전을 살펴보면서 궁금했던 점이 있니? 어떤 점이 궁금했니? 궁금한 것을 어떤 방법으로 알아볼 수 있을까? 명정전에 대해 더 알아보기 위해 유치원에서 어떤 활동을 했으면 좋겠니? • 자유선택 활동 시간에 언어 영역에서 『창경궁에서 보았어요』 작은 책 만들기를 한다.
연계 활동	〈언어 영역: 『창경궁에서 보았어요』 작은 책 만들기〉 • 창경궁에서 무엇을 보았는지 말해 본 후 사진(의자, 단청, 어처구니, 일월도 등)을 작은 책에 오려 붙인다. • 붙인 사진이 무엇인지 글자를 따라 써서 작은 책을 완성한다. 〈수 · 조작 영역: 창경궁에서 찾았어요〉 • 2명의 유아가 창경궁 사진이 있는 기본 판을 나누어 갖는다. • 창경궁의 일부분(단청, 일월도, 어처구니 등)이 있는 카드를 뒤집어 놓는다. • 차례대로 카드를 뒤집어 창경궁의 어떤 부분인지 확인한다. • 창경궁 기본 판에서 부분 카드에 있는 것을 찾아 마커펜으로 표시한다. • 부분 카드를 모두 뒤집으면 친구와 함께 어떤 부분을 찾았는지 확인한다. 〈『창경궁에서 보았어요』 작은 책 만들기〉 〈창경궁에서 찾았어요〉
평가	창경궁에서 무엇을 보았는지 이야기하는 시간을 가졌는데, 사진을 보며 이야기를 나누던 중 자연스럽게 "선생님, 저 꽃은 무슨 꽃이에요?", "지붕에 뭐가 있는 거예요?", "꼭 동물 같아요", "이것도 문화재예요?" 등 여러 질문이 나왔다. 그래서 유아들이 궁금해 하는 것을 가정에서 조사해 보기로 하였다.

출처: 이소영(2013).

표 3-4 이야기나누기 활동 계획안 예시 2

<table>
<tr><td>활동명</td><td>기차 이야기 짓기</td><td>생활 주제</td><td>교통 기관</td></tr>
<tr><td>그림명</td><td>언어 ① - 터너 서부 열차</td><td>대상 연령</td><td>만 4세</td></tr>
<tr><td>활동 목표</td><td colspan="3">• 기차에 관련된 이야기를 지어 말한다.
• 자신의 느낌, 생각, 경험을 글자와 비슷한 형태로 표현한다.</td></tr>
<tr><td>누리과정 관련 요소</td><td colspan="3">• 의사소통: 말하기 - 느낌, 생각, 경험 말하기
• 의사소통: 쓰기 - 쓰기에 관심 가지기</td></tr>
<tr><td>활동 자료</td><td colspan="3">• 기차 작품 사본, 8절 켄트지, 쓰기 도구</td></tr>
<tr><td>활동 방법</td><td colspan="3">본 활동
• 유아들이 기차를 타 본 경험에 대해 자유롭게 이야기한다.
기차를 타 본 적이 있니?
언제 타 보았니? 어디를 갔었니?
기차를 타고 가며 무엇을 보았니?
기차가 어떤 곳을 지나갔니?
기차를 타고 가다 쉬는 곳은 없었니?
• 터너의 기차 작품을 감상한 후 기차가 지나가면서 어떤 일이 벌어졌을지 자유롭게 이야기한다.
기차가 지나갔을 역 정거장 모습, 기차 안 사람들이 하고 있을 행동 등
• 유아들이 자유롭게 이야기한 내용을 켄트지에 글씨와 그림으로 표현한다.
기차에서 사람들이 음식을 먹고 싶어서 내렸어요!
창 밖에 비가 그쳐서 구경하고 있어요.
기차에 석탄이 다 떨어져서 석탄을 싣고 있어요.
• 유아들이 표현한 내용을 발표한다.
• 교사는 유아가 왜 그렇게 발표했는지 질문한다.
• 유아들은 그렇게 발표한 이유를 대답한다.
• 유아들이 표현한 종이를 묶어 책으로 만들어 본다.
• 교사는 유아들이 만든 책의 제목을 창의적으로 지을 수 있도록 지도한다.</td></tr>
<tr><td>평가 및 유의점</td><td colspan="3">• 기차를 타면서 경험해 본 것들을 충분히 회상해 볼 수 있도록 한다.
• 글씨를 쓰기 어려워하는 유아들은 그림으로 표현해 보도록 격려한다.</td></tr>
</table>

출처: 이소영(2013).

2) 동화 감상

주제와 상황, 아름다운 그림이 있는 동화 감상을 통해 영유아들은 상상의 세계와 심미감을 느끼며 다양한 언어를 통해 자연스럽게 의사소통 능력을 함양하게 된다. 대부분의 영유아들은 동화 감상을 매우 좋아하며 주의 집중을 잘하곤 하기 때문에 현장실습 과정에서 동화 감상은 부분 수업으로 가장 많이 다루어지기도 하고 실습생에게는 비교적 안정감 있게 진행할 수 있는 활동이 된다. 동화 선정이 중요한데 생활 주제에 부합되면서 아름다운 색채와 전달력이 높은 문장 구성을 이룬 동화를 선정하는 것이 바람직하다.

<table>
<tr><th colspan="2">내용 선정</th></tr>
<tr><td colspan="2">• 생활 주제 · 주제와 연계된 내용
• 영유아의 이해 능력과 흥미에 맞는 내용
• 교육적으로 가치가 있는 내용
• 동화 내용이 건전하며 도덕성을 길러 줄 수 있는 내용
• 인물 구성이 적절한 내용
• 재미있는 이야기
• 예술적인 그림을 포함하는 내용
• 극 놀이나 토의 등과 같은 후속 활동에 쓰일 수 있는 내용</td></tr>
<tr><th colspan="2">환경과 매체</th></tr>
<tr><td colspan="2">• 동화를 들을 수 있는 좌석 배치(반원형의 의자 배치가 적절)
• 다양한 매체(그림 동화, 파일 동화, 색모래 그림 동화, 모자이크 동화, 접시 동화, TV 동화, 막대 동화, 자석 및 융판 동화, 컴퓨터 동화, 디오라마 동화, 테이블 동화, 앞치마 동화 등)의 동화 활용</td></tr>
<tr><th colspan="2">활동 과정</th></tr>
<tr><td>도입</td><td>• 동화를 들려주기 전 유아들과 함께 동화 내용에 대해 예측해 보기
• 동화속 등장인물에 대한 소개 혹은 예측해 보기
• 동화 제목 예측해 보기</td></tr>
<tr><td>전개</td><td>• 동화의 제목을 말해 주거나 읽어 주기
• 동화의 제목에 따라 내용을 추측해 보기
• 영유아에게 고르게 시선을 주며 동화를 천천히 들려주기
• 영유아들이 알아들을 수 있도록 천천히, 정확하게 동화를 들려주기
• 발음을 정확하게 하고 구연의 속도를 말하기보다 천천히 하기
• 등장인물의 성격에 따라 적절한 성대모사하기
• 전체 영유아가 잘 들을 수 있도록 목소리의 크기를 조절하고 높낮이, 길고 짧음 등을 조절하여 동화 내용에 걸맞는 구연하기
• 동화의 클라이맥스에서는 긴박감을 느끼도록 약간 빠르게 진행하기</td></tr>
<tr><td>마무리</td><td>• 동화 듣기가 끝난 후 다시 한 번 이야기 없이 그림을 보며 이야기를 회상해 보는 시간을 갖기
• 그림 그리기, 동화 뒷이야기 짓기, 느낌 그림으로 표현하기 등 후속 활동으로 연계</td></tr>
</table>

유의점
• 동화의 내용은 5~10분 이내의 것이 좋음 • 영아나 만 3세 유아들에게는 반복적인 내용과 스토리 전개를 통해 다음에 일어날 사건을 예상해 볼 수 있도록 진행 • 만 4~5세 유아들에게는 기승전결이 분명한 동화를 제시하여 유아들이 흥미를 가지고 이야기에 몰입할 수 있도록 진행 • 실습 교사는 동화의 내용을 완전하게 이해하고 외울 수 있도록 연습 • 동화의 매체를 차례대로 정리하여 두고 필요한 조작 과정을 익히기 • 동화에 따라 배경 음악을 선정하여 들려주기 • 동와의 내용과 주제에 대해 지나치게 분석하거나 교훈적인 내용을 강조하지 않기(동화의 감동을 영유아 나름대로 느끼고 문학의 가치를 알 수 있도록 하기 위함)

표 3–5 동화 감상 활동 계획안 예시

활동명	앗, 불이다! 어떡하지?	생활 주제	가을
활동 형태	동화 감상	대상 연령	만 5세
활동 목표	• 토의 활동을 통해 그림책 속의 문제 상황을 인식한다. • 화재를 예방하기 위한 방법을 알고 실천한다. • 불이 났을 때 대처 방법에 대해 알고 실천한다.		
누리과정 관련 요소	• 의사소통: 말하기 – 동요, 동시 듣고 이해하기 • 신체 운동 건강: 안전하게 생활하기 – 비상시 적절히 대처하기		
활동 자료	• 그림책 『앗, 불이다! 어떡하지?』(진 펜지올 글/마르티느 구르보 그림/비비아이들), 테이블 동화 매체		
활동 방법	〈동화 감상〉 1. 동화의 제목과 표지를 보고 동화의 내용을 예측해 본다. 2. 테이블 동화를 이용하여 『앗, 불이다! 어떡하지?』 그림책을 감상한다. 3. 초록용이 인형을 가지러 집으로 들어가겠다고 하는 장면에서 멈춘다. 〈문제 상황 제시〉 1. 주인공에게 생긴 문제를 상황을 인식하고 원인을 찾아본다. • 소녀의 집에 무슨 일이 일어났니? • 왜 불이 나게 된 걸까? • 불이 났을 때 초록용처럼 무섭다고 숨어 버리면 어떤 일이 벌어질까? • 만약 초록용이 인형을 가지러 집으로 들어간다면 어떤 일이 벌어질까? 〈문제해결 방안 토의〉 1. 주인공에게 처한 상황을 해결하는 방안에 대해 토의한다. • 불이 나지 않으려면 어떻게 해야 할까? • 만약 내가 초록용이라면 불이 난 상황에서 어떻게 행동할 것 같니? 2. 동화의 뒷이야기를 들려준다.		

	〈문제해결 방안 적용〉 1. 유아들이 생각한 해결 방안을 자유선택 활동 시간 동안 놀이에서 활용할 수 있도록 활동을 제시한다. • 테이블 동화를 유아가 직접 조작하여 이야기를 지어 볼 수 있도록 제시한다. • 불이 나지 않기 위해 지켜야 할 약속을 약속 카드에 그림이나 글로 표현한다. • 대피 훈련 및 소방관 놀이를 역할 영역에서 실시할 수 있도록 준비한다.
평가	• 유아들은 매월 1회씩 화재 대피 훈련을 실시해 와서인지 화재가 났을 때 대처하는 방법에 관한 지식은 이미 형성되어 있었다. 이러한 이유로 주인공의 문제 상황을 인식하고 해결하는 방법에 대해 토의하는 것에는 어려움이 없었으나 의외로 화재를 예방하기 위한 방법에 대한 지식은 매우 부족했다. "불장난을 치지 않아요", "담배를 피우지 않아요" 정도의 수준에서 이야기하는 모습을 볼 수 있었으며 유아들이 실제 생활 속에서 실천할 수 있는 방법에 대해서는 이야기하지 못하는 모습을 볼 수 있었다. 이에 따라 사후 활동에서는 대처 방안뿐만 아니라 예방을 하는 방법에 대해서도 깊이 있게 접근해 볼 필요성을 느꼈다. • 그림책을 감상한 후 언어 영역에서 테이블 동화를 유아들이 직접 조작하면서 토의 활동을 통해 익힌 지식을 이용하여 이야기를 만들어 가는 모습을 볼 수 있었다. 그림책을 감상하고 토의 활동에서 그치는 것이 아니라 유아들이 자연스럽게 놀이 속에 적용시켜 볼 수 있는 활동이라고 생각이 든다.

출처: 김민정(2014).

3) 동시 지도

운율과 리듬감이 있는 짧은 글인 동시는 영유아들에게 자신의 생각과 느낌을 언어로 표현하는 방법을 자연스럽게 익히도록 돕는 매력적인 매체이다. 영유아들이 즐겨 부르는 노랫말도 동시의 일종으로 반복적인 표현이나 재미있고 생동감 있는 짧은 글을 감상하고 표현하면서 언어 사용의 즐거움과 아름다움을 느끼게 된다. 계절이나 생활 주제에 부합되는 내용으로 영유아의 발달 수준과 흥미를 고려하여 동시를 선정하는 것이 좋고, 다양한 방법을 활용해 지도하는 것이 필요하다. 영유아들에게 적합한 동시의 선정 기준은 우선 계절이나 생활 주제와 관련이 있으면서 동시의 내용이 짧은 시구로 되어 있는 것이 좋다. 영유아들이 쉽게 이해할 수 있는 구체적인 이야기가 담긴 것이 효과적이고 영유아의 경험 자체가 될 수 있는 정직하고 진실된 표현이 담겨 있는 것이 좋다. 동시 지도에는 감상과 동시 짓기 활동이 포함된다.

내용 선정	
• 생활 주제 · 주제와 연계된 내용 • 영유아의 발달에 적절한 내용 • 교육적으로 가치가 있는 내용 • 유아가 짧은 시간에 흥미를 가질 수 있으면서 쉬운 내용	
환경과 매체	
• 다양한 재질을 사용하여 동시판 제작 • 사용한 동시판을 흥미 영역에 비치하여 영유아들이 동시를 지속적으로 감상할 수 있는 기회 제공 • 동시와 관련된 실물 자료와 반실물 자료를 활용하여 영유아들의 흥미 유발	
활동 과정	
도입	• 시의 내용과 관련된 실물이나 그림, 사진 등의 동기 유발 자료 제시 • 동시의 제목 상상하기 • 작가에 대한 소개 • 작가가 생각한 동시 제목, 동시의 배경, 관련 이야기 등 소개
전개	• 동시의 느낌이 잘 전달될 수 있도록 알맞은 억양과 빠르기로 들려주기 • 동시를 낭송할 때 배경 음악을 사용하여 시의 분위기를 좀 더 잘 전달할 수 있음 • 동시와 음률 활동, 또는 동작 활동과 연결하여 몸으로 표현해 볼 수 있는 기회 제공 가능 • 동시의 형식에 따라 다양한 방법으로 유아와 함께 읊어 보기(번갈아 읊기, 목소리 변화 주어 읊기, 원하는 영유아가 읊기, 악기 소리에 맞춰 읊기 등) • 반복되는 어구가 있다면 그 부분만 영유아들이 하도록 하거나, 앞부분과 뒷부분을 나누어서 주고받거나 함께 읊어 보는 방법 사용 • 함께 경험한 사건이나 사물에 대한 느낌을 동시로 직접 지어 보기
마무리	• 동시에 대한 느낌을 이야기나누기 • 가장 재미있는 표현 찾기 • 동시 감상한 느낌 연계 활동(미술, 신체 표현 등)으로 표현하기
유의점	
• 동시는 외우도록 하기보다는 하루 일과 중 전이 활동 중 반복적으로 읊어 보면서 자연스럽게 익히도록 함 • 동시를 읊어 주는 교사의 목소리는 자연스러운 것이 좋고, 너무 빠르지 않게 주의함	

표 3-6 동시 활동 계획안 예시

활동명	겨울 대장	생활 주제	겨울
활동 형태	동시 감상	대상 연령	만 4세

활동 목표	• 겨울을 건강하게 보내기 위한 생활 태도를 기른다. • 동시를 즐겨 감상한다.
누리과정 관련 요소	• 신체 운동 · 건강: 건강하게 생활하기 - 질병 예방하기 - 건강의 중요성을 알고 실천한다. • 의사소통: 듣기 - 동요, 동시, 동화 듣고 이해하기 - 동요, 동시, 동화를 다양한 방법으로 듣고 즐긴다.
활동 자료	•「겨울 대장」 동시판
활동 방법	1. 겨울에 실외에서 놀이했던 경험을 이야기한다. • 놀이를 할 때 기분이 어땠나요? • 춥다고 집 안에만 있으면 어떻게 될까요? 2. 동시를 들어 본다. 3. 다양한 방법으로 동시를 감상한다. 4. 동시에서 '사락사락', '부릉부릉'의 반복되는 의성어를 바꾸어 본다. 5. 실외에서 놀이를 준비할 때 건강에 주의하기 위하여 필요한 것에 대하여 이야기한다. • 추운 겨울 실외에서 놀이할 때 옷은 어떻게 입어야 할까요? **겨울 대장**(이원수) 유리창으로 사락사락 눈발이 나를 불러요, 어서 빨리 나오라고 같이 놀자고 문구멍으로 부릉부릉 찬바람이 나를 불러요, 뜀박질해 보자고 같이 놀자고. …… 하얀 눈아, 찬바람아, 거기 있거라. 멋쟁이 겨울 대장 내가 나간다.
확장 활동	1.「겨울 대장」 동시의 뒷부분을 이어 보는 동시 짓기 활동을 한다. 2. 겨울철 실외에서 할 수 있는 놀이 목록표를 만들어 본다.

출처: 보건복지부(2015).

4) 동극 지도

동극은 동화의 내용을 영유아들의 극화해 보는 활동이다. 영유아들은 동극을 하기 위해 사건의 진행 순서를 기억하고 적절한 순서에 따라 자신이 맡은 역할을 언어 및 몸짓을 통해 표현해 보면서 창의적 표현력을 기르게 된다. 또한 여러 영유아들이 함께 활동에 참여하기 때문에 자연스럽게 협동심을 기를 수 있게 된다. 동극을 위한 동화 선정 기준은 영유아가 동일시할 수 있는 등장인물, 바람직한 성품의 주인공이 등장하는 것이 좋고, 간단하면서도 영유아가 쉽게 이해하고 기억할 수 있는 짧고 반복되는 대화로 이루어진 줄거리와 재미있는 행동이 포함된 것이 좋다. 또한 가능한 등장인물이 많으면서 상황에 따라 늘이거나 줄여도 되는 내용으로 이루어진 것이 좋다. 예를 들어 「커다란 무」, 「모자 장사 아저씨」 등은 이상의 여러 가지 기준에 부합되면서 동극에 적합한 동화라고 할 수 있다.

내용 선정	
• 생활 주제 · 주제와 연계된 내용 • 영유아의 발달에 적절한 내용 • 교육적으로 가치가 있는 내용 • 영유아가 동일시할 수 있는 등장인물이 등장하는 내용 • 간단하면서도 전개 과정이 분명한 줄거리로 되어 있는 내용 • 단순하면서도 클라이맥스가 있는 내용 • 다양하고 재미있는 행동이 포함된 내용 • 짧고 반복되는 대화로 이루어진 내용 • 등장인물이 많으면서 상황에 따라 내용을 조절할 수 있는 내용	
환경과 매체	
• 동극 배경 및 장면과 효과음, 무대 장치(꾸미기) 등을 마련 • 무대와 관람석의 배치를 적절하게 마련 • 여러 가지 형태의 등장인물 표기를 위한 머리띠나 목걸이, 가면 등 역할을 알리기 위한 자료와 함께 동극에 필요한 적절한 소품 준비	
활동 과정	
도입	• 동극을 할 수 있는 대화체의 동화 들려주기 • 동극 활동을 위해 간단하게 동화의 내용 정리해 주기

	• 동화의 대사, 행동을 회상(영유아들의 동극을 위해 주로 대사 회상과 이야기 진행에 초점)
전개	• 동극 활동을 유아들과 계획하기 • 등장인물은 누구이고, 몇 사람이 필요한지 정하기 • 동극을 위한 각 역할의 소품과 무대 꾸밀 계획을 영유아와 협의하기 • 역할을 분담하여 동극 활동을 준비하기 • 교실 안에서 필요한 소품을 함께 찾고 무대에 배치할 수 있음(처음에는 교사가 모든 자료를 준비하지만 동극을 여러 번 경험한 후에는 영유아들이 교실 내에 있는 자료를 소품으로 활용하도록 할 수 있음) • 배역을 정하기(처음에는 역할을 잘 해낼 수 있는 영유아를 지명하기도 하지만 점차 유아들 스스로 배역을 정하도록 하기) • 자신이 맡은 역할에 대해 소개하고 약속 장소에서 준비하기 • 동극의 시작을 알리고 동극을 진행하기(소개한 동극 활동은 상황에 따라서 2~3회 정도 동극을 반복할 수 있음) • 동극이 끝나면 출연했던 영유아들과 함께 중앙으로 나와 한 사람씩 인사하고 들어가도록 하기
마무리	• 동극이 끝난 다음 영유아들과 함께 동극 활동에 대해 평가하기 • 재미있었던 점과 창의적인 표현, 좋았던 점을 칭찬해 주고 개선할 부분에 대해서도 토의하기 • 영유아들이 원할 경우에는 다른 유아들이 참여하여 동극을 다시 해보도록 하기 • 동극에 사용하였던 물건이나 소품을 제자리에 정리하기 • 자유선택 활동 시간에 영유아들이 동극을 해볼 수 있도록 소품을 비치해 주어 활동 연계하기
유의점	
· 동극을 진행할 때 교사도 적절하게 참여하여 도와줄 수 있음 · 한 역할에 대한 선호도가 높을 경우(특정 역할만 하겠다는 영유아가 많을 경우) 2명 이상이 함께 역할을 해보도록 할 수 있음	

표 3-7 동극 활동 계획안 예시

활동명	우리가 꾸민 「검피 아저씨와 친구들의 안전한 드라이브」	생활 주제	교통 기관
활동 형태	동극	대상 연령	만 4세
활동 목표	• 자동차를 이용할 때 안전 규칙을 알고 지킨다. • 「검피 아저씨와 친구들의 안전한 드라이브」를 극놀이로 표현한다. • 친구와 함께 「검피 아저씨와 친구들의 안전한 드라이브」 동극에 참여해 본다.		

누리과정 관련 요소	• 신체 운동 · 건강: 안전하게 생활하기 – 교통안전 규칙 지키기 • 예술 경험: 예술적 표현하기 – 극놀이로 표현하기 • 사회 관계: 다른 사람과 더불어 생활하기 – 친구와 사이좋게 지내기
7대 안전 교육 요소	• 교통안전→자동차 안전→자동차 사고 예방
활동 자료	• 유아들이 꾸민 동극 대본, 등장인물 머리띠, 유아들이 부직포로 만든 자동차 소품, 푹신한 의자, 검피 아저씨 넥타이, 와이셔츠, 검피 아저씨 동극 배경 PPT 자료
활동 방법	〈사전 활동〉 • 동화 회상 시간을 갖는다. • 「검피 아저씨의 안전한 드라이브」 동극을 하려면 무엇을 준비해야 할지 의논한다. 「검피 아저씨의 안전한 드라이브」 동극을 하려면 무엇이 필요할까? 무대는 어떻게 꾸밀까? 배역은 어떻게 정할까? • 동극의 배경이 되는 무대를 유아와 함께 정한다. 무대를 여러 가지 블록과 소품을 이용하여 꾸민다. • 배역을 선정한다. 의논하여 배역을 선정한다. 〈본 활동〉 • 배역을 소개한다. • 등장인물이 기다리는 자리를 정한다. 동극을 하기 전에 대기하는 유아, 동극을 하는 유아, 동극을 관람하는 유아의 태도에 대해 이야기나눈다. 동극을 관람하는 친구들은 어떻게 해야 할까? 동극을 관람할 때 친구와 장난하거나 떠든다면 앞에서 동극을 하는 유아의 대사가 잘 들리까? 기분이 어떨까? 동극을 하는 유아들은 어떤 목소리로 대사를 해야 친구들이 잘 들릴까? 대기실에서 대기하는 유아들은 어떻게 해야 할까? 만약 서로 약속을 지키지 않았을 때 어떤 점이 불편할까? • 동극을 한다. • 평가 시간을 갖는다. 동극을 해보니 어땠니? 검피 아저씨의 자동차 안에서 장난을 치다가 어떻게 되었니? 그럼, 자동차 안에서는 어떤 안전 약속을 지켜야 할까? 다음에 할 때는 어떻게 해야 동극이 더욱 잘될까? • 역할을 바꾸어서 재공연을 한다.
확장 활동	• 동생, 형님반을 초대하여 동극을 공연한다.
평가	검피 아저씨 동극 배경은 동극 준비에 시간이 부족하여 유아들이 하지 않고 동화 속에 나왔던 배경 그림을 이용하여 음악을 삽입한 PPT 자료를 활용하여 진행하였다. 유아들에게 푹신한 의자를 준비해 주니 가보트의 고세크 음악에 맞추어 차가 덜컹거리는 흉내를 내며 무척 즐거워하였다. 대사는 단순(“안전

	벨트를 하면 타도 된단다", "저 좀 차에 태워 주세요", "안전벨트를 하고 탈게요")하여 유아들이 반복적으로 하면서 자신감 있게 하여 의미 있었다. 소품도 음악이 적절히 어우러져 유아들이 무척 신나게 동극을 하였다. 감상하는 만 3세반 유아들도 흥미 있어 하였고 동극이 끝나고 음악에 맞추어 자동차 타는 흉내를 내며 즐거워하였다.

출처: 송문영(2015).

5) 조형 활동 지도

조형 활동은 영유아 자신의 경험과 느낌, 정서 상태를 담아내는 도구로 유아교육기관에서 가장 빈번하게 이루어지는 활동 중 하나이다. 영유아의 자연스러운 표현이 인정되고 격려되는 분위기는 영유아의 표현 능력뿐만 아니라 정서적인 안정감, 심미감, 다양한 시각으로 세상을 바라볼 수 있는 안목을 길러 준다. 그러므로 유아교육기관에서 대다수의 영유아들이 자유선택 활동 시간을 통해 스스로 활동을 계획하고 적극적으로 참여하게 된다. 영유아들에게 좀 더 다양한 자신의 주변 세계를 보고 표현할 수 있도록 경험을 확대해 주고 다양한 재료를 제공해 줌으로써 창의적 조형 활동을 할 수 있도록 돕는 것이 필요하다. 조형 활동의 진행 방법은 주제에 따라 다양한 재료를 이용하여 창의적으로 그리거나 만들어 보는 활동과 재료를 선정하여 주제 관련 활동으로 진행하는 방법이 있다. 기관에서 실습생이 다루는 조형 활동은 대개 주제와 활동 방법이 일정하게 정해지는 경우가 많으나, 다양한 방법을 고려하여 실시하도록 한다.

내용 선정
• 생활 주제 · 주제와 연계된 내용 • 영유아의 발달에 적절한 내용 • 교육적으로 가치가 있는 내용 • 그리기, 만들기, 꾸미기 등의 다양한 표현 활동
환경과 매체
• 연령과 집단의 크기를 고려하여 자료 준비의 정도를 다르게 하기 • 물놀이 영역과 가까운 곳에 배치하기

• 작업 테이블 위에 자유로운 놀이를 위한 깔개를 덮어 주기 • 재료는 다양하고 넉넉하게 준비하여 자유롭게 이용할 수 있게 하기

활동 과정	
도입	• 생활 주제와 연관된 활동의 종류와 활동명 소개하기 • 재료를 소개하고 이름과 사용 방법 설명하기 • 재료를 영유아 스스로 충분히 탐색할 기회 제공하기
전개	• 영유아가 충분히 생각하고 재료를 선정하여 활동하도록 있는 그대로 격려해 주고 관심 가져 주기 • 조형 활동에 흥미를 갖고 적극적으로 참여하도록 다양한 방법(과거 경험 이야기 들려주기, 활동 내용과 관련된 손 유희, 노래 부르기, 관련된 시나 음악 감상하기, 영상 시청하기 등)으로 동기 부여하기 • 조형 활동을 두려워하는 영유아를 기다려 주고 격려해 주기 • 영유아의 개별적 특성을 존중하기 • 창의적으로 표현할 수 있도록 돕기 위해 다양한 재료를 영유아들에게 제공하기 • 영유아의 표현을 있는 그대로 인정하고 격려하기
마무리	• 조형 활동 후 주변을 깨끗이 정리하도록 지도하기 • 영유아들과 함께 조형 활동 소감에 대해 이야기나누기 • 활동에 대한 평가 및 자신의 작품 소개하기 • 영유아와 함께 협의하여 전시 작품 선정하기 • 영유아들의 작품이 골고루 포함되도록 전시하기 • 전시 방법을 구체적으로 마련하고, 서로의 작품을 비교하여 평가하기보다 서로의 작품에 관심과 애정을 가지고 감상할 수 있도록 지도하기

유의점
• 수업 실시 전에 미리 해보아 조형 활동에 소요되는 시간과 난이도를 고려하기 • 조형 활동을 계획할 때에는 획일적인 방법으로 제시하지 않기 • 견본이 필요한 경우 창의성이 저해될 수 있으므로 다양하게 제시하기 • 미술에 필요한 재료는 유아들이 아이디어를 충분히 표현할 수 있도록 다양하고 충분한 양을 준비하기

표 3-8 조형 활동 계획안 예시

활동명	북청사자 만들기	생활 주제	우리나라
활동 형태	조형 활동	대상 연령	만 5세
활동 목표	• 친구들과 함께 의논하여 북청사자를 만드는 경험을 한다. • 모둠 활동 시 지켜야 할 예절을 지킬 수 있다.		

누리과정 관련 요소	• 예술 경험: 예술적 표현하기 - 미술 활동으로 표현하기 • 사회 관계: 사회적 가치를 알고 지키기 - 친구와 어른께 예의 바르게 행동하기
활동 자료	• 대나무 채반, 부직포로 만든 띠 몸통, 부직포, 한지, 천, 색상지, 풀, 본드, 가위, 그리기 도구
사전 활동	• 북청사자 놀이를 동영상으로 감상한다. • 북청사자의 모습과 얼굴을 주의 깊게 관찰한다. • 개인별로 북청사자를 만든다.
활동 방법	〈도입〉 1) 개별 유아가 만든 북청사자를 보면서 이야기를 시작한다. • 무엇일까? ㅇㅇ는 북청사자를 어떻게 만들었니? • 어떤 점이 재미있는 것 같니? 〈전개〉 2) 북청사자의 사진을 보면서 얼굴과 몸통, 갈기와 털과 꼬리를 살펴본다. • 북청사자가 어떻게 생겼는지 다시 한 번 살펴보자. 얼굴은 어떻게 생겼니? • 눈코입의 모양은? 갈기는 어떻게 표현하는 좋을까? • 털과 꼬리는 어떻게 생겼니? 3) 모둠별로 만들 북청사자 재료를 탐색하고 계획을 세운다. • 이번에는 모둠 친구들과 함께 북청사자를 만들어 보자. • 친구들과 함께 만드니까 조금 크게 만들어 보자. • 어떤 재료로 만들면 좋을까? • (대나무 채반을 보면서) 이것은 무엇일까? 어떤 모양이니? 무엇으로 만들었을까? • 무엇을 할 때 사용했을까? 북청사자의 어떤 부분을 만들면 좋을까? • 이 커다란 천 같은 것은 무엇이지? 이 부직포를 만지면 어떤 느낌이 드니? • 이 부직포는 북청사자의 어떤 부분이 되면 좋을까? • 갈기와 털은 무엇으로 표현하면 좋을까? 재료를 살펴보자. • 어떤 재료를 사용할지 선택해 보자. • 어떻게 북청사자를 만들면 좋을까? 함께 이야기를 해보자. • 어떤 모습의 북청사자를 만들고 싶니? 표정은? • 만들 부분을 어떻게 나누면 좋을까? 누가 얼굴을 만들어 볼까? 몸은? 4) 모둠 친구들과 서로 협동하여 북청사자를 만든다. • 어떻게 만들지 서로 이야기를 해보자. • 누가 어떤 부분을 할지 역할을 정해 보자. 〈마무리〉 5) 만든 북청사자를 보면서 평가한다. • 친구들과 함께 북청사자를 만들어 보니 어땠니? • 힘든 점은 어떤 점이었니? • 다 함께 만든 작품을 보니 어떤 느낌과 생각이 드니?

출처: 석진(2013).

6) 새노래 지도

영유아들은 다양한 노래를 즐겨 부르며 그 과정에서 음악에 대한 감수성이 예민해지고, 아름다운 정서를 지니게 된다. 그래서 영유아기의 좋은 음악적 경험은 영유아의 상상력과 감수성 향상에 필수적인 활동이다. 영유아에게 지도하기 좋은 노래는 명랑하고 경쾌하며 보통 4소절 정도의 길이로 구성된 것이 좋으며 노랫말이 어렵지 않고 영유아들의 경험과 관련이 되는 내용이라면 더욱 좋다. 노래 부르기 활동은 하루 일과의 일부로 넣어 실시되기도 하고, 다른 활동을 위한 준비의 과정이나 활동 중에 주의집중의 방법으로도 사용된다. 실습생이 수업으로 실시하는 새노래 지도는 기관에서 영유아들이 이미 배우지 않은 새노래이어야 하므로 미리 지도 교사와 의논하여 새노래를 선정하도록 한다.

내용 선정	
• 생활 주제 · 주제와 연계되는가? • 영유아의 발달에 적절한가? • 교육적으로 가치가 있는가? • 분명한 리듬을 가진 노래(율동적이고 박자와 리듬이 명확한 것) • 영유아들이 부르기에 적절한 음역을 가진 노래(도에서 라 사이의 음역이 적당) • 즐겁고 간단한 가락을 가진 노래(영아는 4마디가 적당하며, 연령이 높아질수록 긴 곡을 선정) • 가사의 내용이 서정적이고 유아들에게 흥미로운 내용(자연이나 계절, 동식물, 가족, 친구 등과 관련된 내용) • 가사와 가락이 반복적인 곡이나 쉽게 익힐 수 있는 곡('머리 · 어깨 · 무릎 · 발', '엄지 어디 있어?' 등)	
환경과 매체	
• 영유아들이 모두 볼 수 있는 크기의 노랫말과 그림 자료를 준비한다. • 녹음테이프나 CD, 관련 자료 영상이 있으면 준비하는 것도 바람직하다. • 가르치고자 하는 노래를 일상생활(휴식 시간, 간식 시간, 자유선택 활동 시간 등) 속에서 미리 들려줌으로써 익숙하게 만든다. • 노래와 관련된 자료(악보, 동화, 동시, 그림 등)를 준비하여 동기 유발을 돕는다. • 노랫말에 대한 이야기를 들려주어 영유아들이 심상 이미지를 형성하도록 도와준다.	
활동 과정	
도입	• 노랫말을 시각적으로 그려 보도록 동화나 이야기처럼 들려주기 • 노랫말을 이야기 식으로 들려주며 동기 유발하기

	• 노랫말과 관련된 수수께끼 내기
전개	• 교사가 정확한 음으로 노래를 들려주기 • 적혀 있는 노랫말을 천천히 읽어 주기 • 반주 없이 멜로디만 들려주기 • 한 가지 소리로 멜로디를 익힐 수 있도록 하기 • 반주에 맞추어 '라라라' 등으로 리듬을 따라 부르기 • 노랫말을 넣어서 교사가 먼저 들려주기 • 교사와 영유아가 함께 부르기 • 원하는 영유아들이 나와서 불러보게 하거나 영유아들끼리 조를 나누어서 다양한 방법으로 불러 보도록 하기
마무리	• 노래 부르기 한 소감을 나누기 • 지속적으로 불러 볼 수 있도록 자유선택 활동 영역에 새노래 자료를 게시하기 • 연계 활동 소개하기(노랫말에 어울리는 율동 만들기, 노랫말 바꿔 짓기, 노래에 어울리는 장면 그리기 등)

유의점
• 실습생이 피아노 반주를 잘하지 못할 경우에는 사전에 반주를 녹음하여 노래 지도 과정에 활용하도록 함 • 피아노 이외에도 정확한 음을 전해 줄 수 있는 악기(실로폰, 리코더, 멜로디혼 등)로 음을 소개할 수 있음 • 실습생이 노래 부를 때 정확한 음을 들려주기 위해 자신 있고, 즐겁게 부르는 모습을 보여 주는 것이 필요함

표 3-9 새노래 활동 계획안 예시

활동명	여기는 방송국	생활 주제	우리 동네
활동 형태	새노래	대상 연령	만 4세
활동 목표	• 노랫말의 의미를 생각하며 즐겁게 노래를 부른다. • 날씨 상황에 맞게 가사를 바꿀 수 있다.		
누리과정 관련 요소	• 예술 경험: 예술적 표현하기 - 음악으로 표현하기 - 노래로 자신의 생각과 느낌을 표현한다. • 의사소통: 말하기 - 느낌, 생각 말하기 - 이야기 지어 말하기를 즐긴다.		
활동 자료	• 일기 예보 배경 음악, '여기는 방송국' 반주 음악 혹은 악보, '여기는 방송국' 노래판(노래판을 유아들이 노랫말을 바꿔 볼 수 있도록 제작한다) (예: 스티브 바라캇 - The whistler's song, 프랭크 밀스 - The happy song)		
	1. 방송에서 나오는 일기 예보 음악을 들어 본다. • 이 음악을 들어 본 적이 있나요?		

활동 방법	• 무엇을 알리는 음악일까요? • 우리 반에서도 일기 예보 시작을 알리는 음악을 만들어 보면 어떨까요? 2. 노래를 소개하고 들려 준다. • '여기는 방송국'이라는 노래로 일기 예보 시작을 알려 주면 어떨까요? 3. 멜로디만 들어 보며 한소리로 불러 음을 익힌다. • 어떤 소리로 불러 보면 좋을까? (아, 오, 우) 4. 노랫말을 넣어서 불러 본다. 5. 노랫말을 바꾸어 불러 본다. • 오늘의 날씨로 노랫말을 바꾸어 보면 어떨까요? • 오늘 날씨는 어떤 것 같나요? • 노랫말 중에서 어떤 부분을 바꿔 보면 좋을까요?
참고 사항	언어 영역의 '일기 예보 들어 보기' 활동을 통하여 날씨를 나타내는 표현에 익숙해질 수 있도록 돕는다.
확장 활동	1. 노랫말을 다양하게 바꾸어(다양한 겨울 날씨 표현해 보기, 겨울과 관련된 의성어, 의태어 사용하여 노랫말 바꾸어 보기) 불러 본다. 2. 역할 놀이 영역과 연계하여 '여기는 방송국' 노래를 일기 예보에 활용해 보고, 녹음하여 역할 놀이에 활용한다.

출처: 보건복지부(2015).

7) 게임 지도

게임이란 참여자들이 규칙에 따라 이기려고 노력하고 상대편이 이기지 못하도록 하는 신체적 혹은 지적 경쟁 활동을 이야기하는데, 혼자 또는 편을 나누어 하는 게임 활동은 영유아들에게 매력적인 활동이다. 게임의 경우 승부가 있을 수 있고 규칙과 약속, 게임 방법 등을 친구들과 함께 의논하면서 다양하게 적용할 수 있으므로 신체 발달과 더불어 협동심과 성취감을 느낄 수 있는 유익한 활동이다. 게임의 유형은 원 게임, 자유 대형 게임, 편 게임으로 구별될 수 있는데 공굴리기와 같은 원 게임과 짝짓기와 같은 자유 대형 게임은 주로 학기 초나 어린 영유아들이 많이 하게 된다. 장애물 넘어 돌아오기, 2인 삼각 달리기 등의 편 게임은 성취감과 사회적 규칙이나 약속의 습득뿐만 아니라 다른 사람을 인정하는 태도를 자연스럽게 배울 수 있는 활동이다. 게임을 하면서 영유아들은 운동 신경 및 운동 감각이 예민해지고, 자제력 및 자신감이 향상되며, 바른 자세와 신체의 균형적인 발달이 이루어진다. 또한 정서적인 만족감을 얻게 되며, 의사 결정 과정에 참여하는 기회를 가짐으로써 결단력을 기르게 된다.

<table>
<tr><th colspan="2">내용 선정</th></tr>
<tr><td colspan="2">• 생활 주제 · 주제와 연계되어 있는 활동
• 영유아의 발달 단계와 흥미를 고려하여 게임의 종류 선정
• 게임의 내용을 고려하여 목적물 맞추기, 경주하기, 쫓기, 숨기기와 찾기, 언어적 지시 게임 등 게임 종류에서 적합한 것으로 선정
• 게임의 유형으로 편 게임, 원 게임, 자유 게임 중에서 실습생이 수업지도로 사용하기 적합한 것을 선정</td></tr>
<tr><th colspan="2">환경과 매체</th></tr>
<tr><td colspan="2">• 게임 규칙을 기록할 판 준비하기
• 점수를 기록할 수 있는 판과 유성펜 또는 스티커 준비하기
• 충분한 공간을 마련하고 전체가 참여할 수 있는 게임 실행하기
• 게임 진행을 잘 관람할 수 있도록 적절한 자리 배치하기
• 소품과 도구는 충분히 마련하기</td></tr>
<tr><th colspan="2">활동 과정</th></tr>
<tr><td>도입</td><td>• 게임에 사용할 도구 중 일부를 제시하며 영유아의 흥미 유발하기
• 준비된 도구를 사용해 어떤 게임을 할 수 있을지 영유아들과 함께 이야기나누고, 게임 방법을 정하거나 실습생이 정한 게임 방법이 있다면 소개하기
• 영유아들이 제안한 게임 방법이라면 시범을 보일 수 있도록 하기</td></tr>
<tr><td>전개</td><td>• 게임의 유형에 따라 게임 대형을 고려하기
• 편 게임의 경우 편을 나누는 방법은 공평성을 가져야 되고, 정확하게 편을 나누기
• 영유아들의 원하는 방법(같은 색깔 옷, 제비뽑기, 같은 이름 글자 등)으로 팀을 나누고, 양편의 인원수를 맞춰 보고 인사, 악수하기
• 영유아와 함께 팀 이름 정하기(영유아의 연령에 따라 실습생이 팀 이름을 정해서 알려 주어도 됨)
• 게임에 사용될 도구(신호음, 규칙판, 점수판 등)를 잘 배치하고 사용 방법을 설명하기
• 게임 방법을 소개하고 게임의 규칙을 영유아와 협의하여 정하고 규칙판에 적기
• 교사나 유아가 시범을 보이기
• 게임 규칙에 따라 게임을 실시하기
• 게임 진행 중 게임이 어렵다거나 적절하지 않다면 영유아들과 상의하여 난이도를 조절하거나 게임 방법을 바꾸어서 할 수 있음
• 게임에 잘 참여하지 않는 영유아를 억지로 참여시키기보다 스스로 참여할 수 있도록 기다려 주거나 교사 또는 좋아하는 친구와 해볼 수 있도록 배려하기</td></tr>
</table>

마무리	• 게임 결과 및 게임한 소감을 나누기 • 게임 평가 시 승부에 집착하지 않도록 승패보다는 규칙 준수를 기준으로 평가하도록 하기 • 게임 진행 방법, 응원 등 전체적으로 평가하기 • 게임에 사용된 소품과 도구, 공간 배치 등을 정리하기

유의점
• 수업지도 전에 게임을 직접 실시해 보아 예상되는 문제점을 파악하고 보완하기 • 게임 진행 방법, 게임에 소요되는 시간 등을 고려하여 계획하기 • 게임의 결과보다는 과정에 관심을 갖고 적극적으로 참여하며 협동하도록 격려하기 • 진지하게 게임에 참여하는 자세를 칭찬하기

표 3-10 게임 활동 계획안 예시

활동명	안전 지킴이가 되어 친구 안전 지킴이집에 데려다 주기	생활 주제	우리 동네
활동 형태	게임	대상 연령	만 4세
활동 목표	• 위험한 상황에서 안전 지킴이집에 도움을 요청함을 안다. • 친구와 함께하는 게임에 적극적으로 참여한다. • 친구와 협동하며 게임 규칙을 알고 지킨다.		
누리과정 관련 요소	• 사회 관계: 사회에 관심 갖기 – 지역 사회에 관심 갖고 이해하기 • 신체 운동 · 건강: 신체 활동에 참여하기 – 자발적으로 신체 활동에 참여하기 • 사회 관계: 다른 사람과 더불어 생활하기 – 친구와 사이좋게 지내기		
활동 자료	• 우리 동네 가게 그림 자료, 공공 기관 그림 자료, 안전 지킴이집 그림 자료, 안전 지킴이 그림이 붙은 조끼, 원 기둥, 색테이프, 안대		
활동 방법	• 어디까지 왔니? 노래를 부르며 주의 집중한다. • 게임 자료를 보고 게임 방법에 대해 이야기나눈다. (우리 동네 가게 그림, 공공 기관 그림, 안전 지킴이집 그림, 안대, 조끼를 보여주며) 이것으로 무슨 게임을 할 수 있을까? 1명이 안대를 쓰면 앞이 보일까? 그럼, 안대를 쓴 친구를 위해 길을 찾아가려면 어떻게 해야 할까? 안대를 쓰지 않은 친구가 도와주기로 하자. 그런데 오늘 위험한 상황에서 찾아가는 안전 지킴이집에 친구를 데려다 주기로 하자. 그런데 어떤 길로 가야 할까? (이 선을 따라 가보자.) • 유아 2명이 나와 시범을 보인다. • 게임을 할 때 지켜야 할 약속에 대해 이야기나눈다. 이 게임을 할 때 지켜야 할 약속이 있을까?		

	왜 그렇게 생각했니? 만약 선을 따라가지 않고 마음대로 간다면 어떤 일이 생길까? 또 어떤 약속이 있을까? 친구와 함께 갈 때 지켜야 할 약속이 있을까? 앞에 가는 친구는 뒤에 있는 친구를 위해 어떻게 가야 할까? 앉아서 친구들이 하는 게임을 보는 친구는 어떻게 가야 할까? • 게임을 한다. • 게임을 한 후, 느낌과 생각에 대해 이야기나눈다. 게임을 하니 어떤 점이 재미있었니? 어떤 친구가 약속을 지키며 안전하게 했니? 안전 지킴이가 되어 친구를 데려다 주니 기분이 어땠니? 우리가 외출 중 위험한 상황에서 경찰서 말고 또 어딘 곳에 도와달라고 할까?
평가	사전 활동으로 배운 '어디까지 왔나' 노래에 게임 자료로 제시된 위험한 곳, 안전한 곳을 넣어 부르며 한 유아가 안전 지킴이가 되어 안대를 한 유아 1명을 안전 지킴이집까지 데려다 주는 협동 활동이었다. 아쉬웠던 점은 '어디까지 왔나?' 노래 앞부분이 물어보는 것이어서 앞에 유아가 안대를 하였는데, 다음에는 앞에는 안대를 하지 않은 유아, 뒤에서 안대를 한 유아가 따라가는 방법으로 진행하는 것이 효과적일 것 같다. 간단한 활동이었는데도 유아들 모두 즐거워했고, 위험한 상황에서 안전 지킴이집에 도움을 요청할 수 있다는 사실도 알게 되는 의미 있는 활동이었다. 또한 더욱 다양한 협동 활동을 제공하여 안전교육뿐만 아니라 인성교육도 동시에 이루어질 수 있도록 해야겠다.

출처: 송문영(2015).

8) 신체 표현 활동 지도

신체 표현 활동이란 신체의 움직임을 통하여 생각이나 느낌을 표현하는 활동을 말하며 신체 탐색, 이동 동작, 비이동 동작, 조작적 동작과 같은 기본 동작뿐만 아니라 음악이나 노래에 맞춰 율동적으로 움직이는 리듬 동작이나 생각과 느낌에 대한 자유로운 신체 표현을 포함하는 활동이다. 영유아는 활발한 움직임을 통하여 즐거움을 느끼며 기본 운동 능력은 물론 신체 유연성, 적극적인 생활 태도 등을 기를 수 있다. 또한 창의적 신체 표현 활동을 통해 창의력을 기르고 성취감과 협동심을 기를 수 있다. 영유아들이 신체 표현 활동에 적극적으로 참여할 수 있도록 하기 위해 영유아가 성공감을 가질 수 있는 활동으로 계획하며 소극적이거나 자신감이 없는 영유아에게는 활동 완수를 강요하지 말고 충분한 시간을 제공해 편안하게 탐색하고 다양한 시도를 할 수 있도록 격려하는 것이 바람직하다. 신체 표현 활동을 위하여 다양한 음악을 제공할 수도 있는데, 이 때문에 다소 소란스러운 분위기가 발생할 수 있으나 수용적인 태도를 보이는 것이 필요하다.

<table>
<tr><th colspan="2">내용 선정</th></tr>
<tr><td colspan="2">• 생활 주제 · 주제와 연계되어 있는 활동으로 선정
• 영유아들의 발달과 개인차를 고려
• 신체 지각을 할 수 있는 활동, 즉 이동, 돌아서기, 전진, 후진, 일어나기, 앉기 등이 포함된 활동으로 선정
• 신체가 움직이는 방법을 아는 활동으로 강하게/약하게, 일시적/지속적, 유연함 등이 포함된 활동 선정
• 신체가 움직이며 공간 지각을 할 수 있는 높게/낮게, 왼쪽/오른쪽, 똑바로/옆으로 등의 방향이 포함된 활동 선정
• 신체의 부분 간의 관계, 개인과 개인의 관계, 집단 간의 관계, 기구와의 관계를 고려하는 활동 선정</td></tr>
<tr><th colspan="2">환경과 매체</th></tr>
<tr><td colspan="2">• 신체 표현 활동을 할 수 있는 충분한 공간 확보
• 영유아들의 안전이 고려되는 공간 준비
• 신체 표현의 진행 순서를 설명하기 위해서 매체(그림, 사진 등) 사용
• 신체 활동을 위해 필요한 음악은 여러 번 반복할 수 있도록 녹음해 준비하기</td></tr>
<tr><th colspan="2">활동 과정</th></tr>
<tr><td>도입</td><td>• 새로 하려는 신체 표현 활동과 관련된 사전 활동(음악 감상, 그림 감상, 경험 나누기 등)을 회상하며 동기 유발을 돕기</td></tr>
<tr><td>전개</td><td>• 영유아들이 신체를 자유롭게 움직일 수 있는 공간 마련하기
• 준비된 음악을 듣고 느낌을 언어로 표현하도록 하기
• 몸을 이용하여 감상한 음악에 대한 느낌을 자유롭게 표현하게 하기
• 노랫말이 있을 경우 노랫말을 몸으로 표현하게 하기
• 영유아나 교사가 표현하는 동작을 감상하도록 하기
• 다시 음악을 들으며 어떻게 표현할 수 있을지 생각해 보도록 격려하기
• 조별, 또는 개별적으로 원하는 영유아가 나와서 동작을 표현해 보도록 하기
• 공간의 여유가 있다면 안전에 대한 주의를 상기시키고, 전체 영유아들이 함께 표현해 볼 수 있도록 하기
• 때에 따라서 실습생도 영유아들과 함께 표현 활동에 참여하도록 하기
• 필요시 주의 집중용 악기 사용하기
• 다양한 신체 표현이 이루어지도록 격려의 말하기</td></tr>
<tr><td>마무리</td><td>• 신체 표현 결과나 활동 소감에 대해 이야기나누기
• 가장 인상적이었던 신체 표현에 대해 이야기나누기
• 신체 표현에 사용했던 소품이나 음악을 자유선택 활동 영역에 비치에 자유로운 표현 활동이 연계되도록 소개하기</td></tr>
</table>

유의점
• 영유아의 안전을 고려하여 방향, 속도, 앞 영유아와의 거리 등의 주의 사항을 꼼꼼히 안내하기 • 신체 표현 활동에 참여하고 싶어하지 않는 영유아들을 배려하여 억지로 참여를 강요하지 않기 • 창의적이고 다양한 표현을 격려하기 위하여 영유아들의 활동 사진을 찍어 공유하기

표 3-11 신체 표현 활동 계획안 예시

활동명	로봇이 되어 춤을 춰요	생활 주제	생활 도구
활동 형태	신체 표현	대상 연령	만 4세
활동 목표	• 신체를 이용하여 로봇의 움직임을 표현할 수 있다. • 또래가 표현하는 로봇 동작을 감상한다.		
누리과정 관련 요소	• 신체 운동 · 건강: 신체 조절과 기본 운동하기 - 신체 조절하기 - 신체 균형을 유지하면서 다양한 자세를 취한다. • 예술 경험: 예술 감상하기 - 다양한 예술 감상하기 - 다양한 음악, 춤, 미술 작품, 극놀이 등을 듣거나 보고 즐긴다.		
활동 자료	• 로봇 움직임 동영상, 로봇 기계음		
활동 방법	1. 동영상을 보고 로봇의 움직임에 대해 탐색해 본다. • 로봇이 어떻게 움직였었나요? • 로봇을 움직이게 하려면 어떻게 해야 할까요? 2. 몇 명의 유아들이 나와서 로봇의 움직임을 표현해 볼 수 있도록 기회를 준다. 3. 그룹을 나누어(반 그룹씩) 번갈아 가며 로봇의 움직임을 음악에 맞춰 표현해 본다. • 로봇이 인사를 하는구나. • 로봇끼리 악수하는 모습도 보이네요? • 로봇이 축구를 한다면 어떤 모습으로 움직일까요? • 기분이 좋아서 춤을 추는 로봇의 모습을 표현해 보자. 4. 로봇이 되어 본 느낌에 대해 이야기나눈다. • 로봇이 되어 보니 어땠나요? • 어떤 움직임이 가장 기억에 남았나요?		

출처: 보건복지부(2012).

9) 요리 활동 지도

재료를 탐색하고, 직접 손이나 도구를 사용해 재료를 다루어 보면서 재료의 상태 변화에 관심을 갖게 되고, 성취감과 만족감, 무엇보다 과학적, 인지적인 측면의 앎이 확장되도록 돕는 요리 활동은 영유아들이 매우 기대하고 좋아하는 활동이다. 무엇을 만들까 함께 계획하고 토의하며 역할을 나누어 활동을 실행하는 과정에서 협동심도 생기고 완성된 요리를 먹으면서 정서적인 만족감도 얻게 되는 등 다양한 측면의 발달을 돕는 통합적인 활동이다. 이러한 장점에도 불구하고 도구, 재료의 준비, 위생 문제 등 다소 번거롭게 여겨지는 활동의 특성상 유아교육기관에서 활발히 실행되지 못하는 활동이기에 현장실습이 진행되는 과정에서 오히려 더 많이 시도되는 활동이다.

<table>
<tr><th colspan="2">내용 선정</th></tr>
<tr><td colspan="2">• 생활 주제 · 주제와 연계되는 활동으로 선정
• 영유아의 영양과 건강을 고려하여 선정</td></tr>
<tr><th colspan="2">환경과 매체</th></tr>
<tr><td colspan="2">• 충분하고 위생적인 공간 마련
• 물이 가까운 곳에 있도록 환경을 마련
• 전기가 가까운 곳에 있는지 확인
• 안전을 고려
• 요리 순서도 준비
• 요리 순서도에 필요한 양이 정확하게 기재되어 있는가 확인
• 요리 과정을 구체적으로 명시
• 영유아의 수준에 적절한 도구 준비
• 요리 주제와 관련된 음식 재료와 용기</td></tr>
<tr><th colspan="2">활동 과정</th></tr>
<tr><td>도입</td><td>• 요리 활동과 관련된 사전 활동(이야기, 동화 등) 제시
• 요리에 사용될 재료의 일부를 오감을 통해 맞춰 보기 활동 제시</td></tr>
<tr><td>전개</td><td>• 손을 씻도록 지도
• 앞치마와 머릿수건을 하도록 지도
• 오감을 활용해 준비된 재료를 탐색하도록 격려
• 요리의 순서 살펴보기
• 순서에 따라 요리 활동하기
• 요리한 것을 그릇에 담기
• 앞치마를 벗어 정리하고, 손 씻도록 지도
• 활동 자리를 정리하도록 지도</td></tr>
</table>

마무리	• 요리 활동을 해본 소감을 이야기나누기 • 요리한 음식을 먹어 보고 느낌을 나누기 • 요리 활동 과정, 완성된 음식 그림으로 표현하기 등 연계 활동 소개하기
유의점	
• 영유아의 안전을 고려하여 영유아가 주도적으로 요리를 하도록 허용하기 • 위생과 안전에 대한 세심한 주의 필요 • 다소 번거로운 활동이므로 대집단으로 진행하지 말고 소집단으로 여러 회 진행하면서 충분한 탐색과 상호 작용의 기회를 도모하도록 함	

표 3-12 요리 활동 계획안 예시

활동명	사과차를 만들어요	생활 주제	겨울
활동 형태	요리 활동	대상 연령	만 4세
활동 목표	• 감기 예방에 좋은 음식에 대하여 관심을 가진다. • 재료를 이용하여 음식을 만들어 본다.		
누리과정 관련 요소	• 신체 운동 · 건강: 건강하게 생활하기 - 바른 식생활하기 - 몸에 좋은 음식을 선택할 수 있다. • 자연 탐구: 탐구하는 태도 기르기 - 탐구 과정 즐기기 - 궁금한 점을 알기 위해 비교하기, 예측하기 등 다양한 방법을 활용한다.		
활동 자료	• 요리 순서도(PPT 자료), 사과, 흑설탕, 다양한 모양의 찍기 틀, 도마, 빵칼, 사과차를 담아 보관할 투명한 용기, 숟가락		
활동 방법	1. 겨울철 감기에 걸린 경험에 대해 이야기나눈다. • 감기에 걸린 경험이 있나요? • 감기에 걸렸을 때는 어떻게 해야 할까요? • 감기를 미리 예방하는 방법에는 어떤 것들이 있을까요? 2. 유아들이 알고 있는 건강 차에 대해 이야기나눈다. • 건강에 좋은 차는 무엇이 있을까요? 3. 감기 예방에 좋은 사과차를 소개한다. 4. 재료를 살펴보고 만드는 방법을 알아본다. • 사과차를 만들기 위해 어떤 재료가 필요할까요? • 사과차를 만드는 방법을 알아보자. 5. 요리를 시작하기 전 주의할 점을 생각하고 이야기나눈다. 6. 요리 방법을 함께 살펴보고 요리 활동을 해본다. 7. 완성된 사과 청을 뜨거운 물에 섞어 마셔 보고 이야기나눈다. • 사과차의 맛이 어떤가요? • 완성된 사과차는 어떻게 보관하며 좋을까요?		

	〈사과차 만들기〉 1. 깨끗이 씻은 사과를 숟가락을 이용하여 씨를 제거하고 사과를 얇게 썬다. 2. 얇게 썬 사과를 찍기 틀을 이용하여 다양하게 모양을 낸다. 3. 투명 용기에 사과→흑설탕의 순서로 차곡차곡 끝까지 넣는다. 4. 사과가 위로 떠오를 때까지 2~3일 기다린다. 5. 만든 사과청을 뜨거운 물과 섞어 마신다.
참고 사항	1. 완성된 사과차는 유리병에 이틀 동안 숙성시키고 냉장고 또는 서늘한 곳에 보관할 수 있도록 한다. 2. 활동 시 뜨거운 물에 주의한다.
확장 활동	가정에서 사과차를 만들어 맛볼 수 있도록 레시피를 만들어 배부한다.

출처: 보건복지부(2012).

⑤ 연계 및 전일 수업지도 방법

유아교육기관에서의 하루 일과는 초등과 달리 1교시, 2교시, 쉬는 시간 등이 있는 것이 아니라 물 흐르듯이 자연스럽게 활동과 활동이 이어지고 연속적으로 진행되는 특징이 있다. 그러므로 각 단위 활동지도 방법뿐만 아니라 그 사이를 연결해 줄 수 있는 전이 기술도 요구된다. 연계 및 전일 수업지도는 낱낱의 단위 활동 지도와 달리 각각의 단위 활동을 연계하여 진행하는 전이 기술이 요구되는 과정이다. 이야기나누기 수업을 한 후 간식 지도를 한다고 했을 때, 이야기나누기를 마친 상황에서 어떤 순서와 방법으로 영유아들을 간식 먹는 장소로 이동시킬 것인가? 간식을 배식한 후 함께 기도하며 먹기로 하였을 때 기다리는 동안은 무엇을 어떻게 할 것인가? 등 단위 활동과 단위 활동의 사이에 무엇을 어떻게 하면서 혼란 없이 활동이 잘 이어질 수 있도록 할 것인가를 고민해야 하는 것이다.

1) 연계 수업지도 방법

연계 수업은 2개 이상의 단위 활동을 연결해서 진행하는 것을 말한다. 예를 들어 이야기나누기와 게임, 음악 감상과 신체 표현, 동화 감상과 이야기 짓기 등 주제를 중심으로 연계하여 활동을 더욱 심화·확장시키게 된다. 연계 수업 계획 및 진행을 위해서는 각 단위 활동을 자연스럽게 연결하기 위해 필요한 전이 활동까지 고려해야 한다. 예를 들어 봄꽃에 대한 이야기를 나눈 후 봄꽃 꿀 따기 게임을 연계 수업으로 진행한다고 했을 때, 이야기나누기와 게임을 연결해 주는 주요 매개(주제, 내용, 도구 등)는 무엇인지, 이야기나누기를 마친 후 게임 대형으로 변형할 때 어떤 순서로 영유아들을 이동시킬 것인지, 이동하는 동안 주의를 산만하게 하지 않기 위해 사용할 손 유희나 주의 집중 방법은 무엇이 있는지 등까지 고려해서 계획하고 진행해야 한다.

- 활동과 활동 간의 자연스러운 전이에 중점을 둔다.
- 활동과 활동 사이 장소를 이동하게 될 경우 혼란 없이 이동할 수 있는 방법을 고려한다(예: 영유아의 이름을 불러 주며 차례차례 이동하기, 같은 색깔 옷을 입은 영유아 집단부터 이동하도록 하기, 이동하기 편한 장소에 있는 영유아 집단부터 이동하도록 지도하기 등).
- 주제나 활동 내용과 연관된 손 유희, 주의 집중 전략을 사용할 수도 있다.
- 활동의 시작이나 정리 등에 영유아를 참여시키면서 전이가 일어나도록 할 수 있다(예: 이야기나누기 활동 후 간식을 먹을 경우, 간식을 나누어 줄 영유아부터 이동하여 준비하도록 하거나 간식 도구 등을 미리 준비하도록 할 수 있다).

2) 전일 수업지도 방법

전일 수업의 경우 연계 수업의 확장으로 생각할 수 있으며, 영유아들의 등원부터 하원까지 교사의 역할을 수행해 보는 것을 말한다. 전일 수업은 대개 실습의 마지막 주에 경험하게 되는데 실습 기간 동안 배우고 익힌

바를 종합적으로 실행해 보는 중요한 시간이다. 등원, 자유선택 활동, 간식 및 점심 식사, 대·소집단 활동, 하루 일과 평가 및 귀가지도까지 하루의 일과를 총체적으로 경험하게 되면서 유아 교사로서의 역할을 실천적으로 익히게 된다. 전일 수업을 위해서는 각 단위 활동을 성공적으로 수행하는 것뿐만 아니라 하루 전체의 일과를 균형 있게 계획하고 운영하는 것, 활동 사이사이를 연결할 때 필요한 전이 기술, 영유아의 흥미나 관심 또는 상황에 따라 융통성 있게 일과를 운영하는 태도 등에 신경을 써야 한다. 학급이나 한 반 영유아의 특성에 따라 전일 수업 분위기가 다를 수 있으므로 실습 과정 동안 학급의 특성이나 실습지도 교사의 일과 운영 모습을 보면서 세세한 부분까지 특성을 파악하고 익혀 두는 것이 도움이 된다.

〈전일 수업지도 시 유의 사항〉

- 주제와 소주제를 고려하여 영유아의 전후 경험이나 놀이가 맥락적으로 연계되도록 고려한다.
- 일과 운영은 실습반의 평상시 일과를 충분히 반영하여 일관성 있게 계획한다.
- 일과 시간대별로 계획한다. 흥미 영역별 활동 계획안, 실외 활동 계획안, 대 · 소집단의 활동 계획안 등 실습생이 담당할 시간 동안 진행되는 활동에 대해 활동 계획안을 포함한다. 이때 현장실습생이 준비한 보육 활동에 대해서만 '활동 영역, 활동 목표, 활동 자료, 활동 방법'의 순으로 간략히 기록한다.
- 영유아의 흥미와 발달 수준에 적합하되, 개방적이고 융통적인 상호 작용을 할 수 있도록 계획한다.
- 날씨 변화, 특별한 상황이 발생할 경우를 대비하여 대안적 활동을 준비한다.
- 정리 정돈, 화장실 다녀오기, 실내외 이동하기 등을 지도할 때 영유아의 참여를 이끄는 방법, 활동을 전개할 때 주의 집중을 유도하는 방법 등에 대한 내용도 계획안에 반영한다.
- 배변 및 손 씻기, 간식 · 식사 지도, 정리 정돈, 이 닦기, 낮잠 지도와 같은 일상생활 지도 시 상호 작용할 내용이나 지도 방법을 진술한다.

출처: 보건복지부(2017).

- 등원부터 귀가까지 교사로서의 역할을 다하겠다는 책임감을 가지고 임해야 한다.
- 각 단위 활동뿐만 아니라 하루 일과의 전체적인 진행에 균형이 이루어졌는지 유의해야 한다.
- 활동 진행뿐 아니라 영유아의 건강과 안전에 대한 사항도 유념한다.
- 학급 상황이나 영유아의 반응에 따라 융통성 있게 일과를 진행해야 함에 주의한다.
- 실습지도 교사와 영유아가 형성해 왔던 교실의 분위기, 규칙, 특징을 잘 파악하여 활용하는 것이 유용하다.

6 일과 활동에 대한 지도 방법

1) 등원

영유아들이 유아교육기관에 오게 되는 첫 순간인 등원 시간은 하루 일과의 시작으로 매우 중요한 시간이다. 밝고 안정감을 느낄 수 있는 환경을 마련하여 활기차고 즐겁게 하루를 시작할 수 있도록 도와야 한다. 개별적으로 영유아를 맞이하며 기분은 어떤지, 아픈 곳은 없는지, 아침은 먹었는지 등에 대해 세심하게 주의를 기울일 필요가 있다. 또한 부모와의 대화를 통해 활동을 위해 필요한 정보를 나누고 파악한 영유아의 상태에 따라 대처하는 것이 중요하다.

2) 자유선택 활동

자유선택 활동은 영유아의 흥미와 관심을 반영한 놀이를 영유아 스스로 선택하여 놀이하고 마무리하는, 하루 일과 중 가장 중요하고 오랜 시간으로 배정되는 활동 유형이다. 영유아기에 길러져야 할 자율성, 독립심, 창의성, 책임감을 형성하는 데 자유로운 선택과 다양한 활동을 경험하게 되는 자유선택 활동은 매우 중요한 역할을 한다. 자유선택 활동을 위해서 교실은 다양한 흥미 영역으로 구성하여야 하고 영유아들이 원하는 영역에서 다양한 자료와 활동을 경험하도록 지도한다. 흥미 영역의 종류와 수는 기관의 특성에 따라 다를 수 있는데 대체로 영아를 위한 영역에는 기저귀 갈기를 위한 영역, 낮잠 영역, 수유를 위한 영역, 감각 놀이 영역, 대근육 활동 영역 등이 있다. 걸음마기 영아들을 위해서는 대근육 영역, 쌓기 영역, 물모래 놀이 영역, 역할 놀이 영역과 기저기나 수유 영역 등으로 구성되며, 유아들을 위해서는 언어, 수, 과학, 음률, 책 보기, 조형 영역 등이 추가되면서 보다 다양하고 풍부한 경험이 이루어질 수 있도록 구성한다. 자유선택 활동 영역의 활성화를 위해서 실습생은 주제와 관련된 다양한 활동과 자료를 흥미 영역에 마련해 주고, 활동이 시작되면 개별적인 상호 작용을 통해 영유아의 성장과 발달을 지원해야 한다.

3) 간식과 점심 식사

매일 반복적으로 이루어지는 간식과 점심시간은 균형 잡힌 식사 습관과 바른 식사 예절 지도를 하기 위해 신경 써야 할 매우 중요한 시간이다. 간식과 점심시간에 긍정적이고 즐거운 경험을 할 수 있도록 함으로써 영유아 스스로 균형 잡힌 음식을 섭취하고 바른 식사 예절을 형성하도록 도울 수 있다. 개인마다 식사 속도가 다르고, 가정의 음식 문화, 선호하는 음식의 종류도 다를 수 있으므로 강압적이거나 재촉하면서 식사하도록 다그쳐서는 안 된다. 편안하고 즐거운 분위기에서 천천히 새로운 음식을 단계적으로 시도해 볼 수 있도록 하는 것이 중요하다. 편식 지도의 경우 관련된 동화나 이야기나누기, 요리 활동 등을 통하여 시간을 가지고 자연스럽게 지도하는 것이 좋다.

4) 배변과 씻기 지도

영유아의 배변 지도는 영유아의 심리적 성장과 발달에도 중요한 영향을 미치는 것으로 영유아들이 잘 적응할 수 있도록 심리적인 배려가 필요하다. 대소변 실수로 심리적인 위축이 일어나면 회복하기가 어려울 수 있으므로 최대한 자연스러우면서도 실수를 수용하는 허용적 분위기 마련이 중요하다. 배변 지도의 경우 일괄적으로 또는 강압적으로 지도할 수 없는 부분이며 개별적인 특성이나 상황을 고려하여 세심한 지도가 필요하다. 혼자서 용변 처리가 어려운 영유아, 화장실이 가정과 다를 때, 화장실이 어두워서 두려워 할 때 등 영유아의 배변을 어렵게 만드는 상황들이 있지 않은지 살피고, 그러한 문제들이 있다면 세심한 개별 지도로 문제를 극복할 수 있도록 한다. 배변 후 또는 놀이 후 손 씻기 지도도 꼭 필요하다. 비누 사용, 꼼꼼히 닦고 충분히 물로 헹궈 내기 등에 대해 상세히 지도하고 습관이 될 수 있도록 지속적으로 지도해야 한다. 실습생의 경우 영유아의 배변 지도에 거부감을 갖지 않도록 하는 것이 필요하며 배변 실수가 일어나기 전에 영유아의 상태를 잘 살펴서 안내, 지도를 하는 것이 중요하다.

5) 대·소집단 활동

대·소집단 활동은 교사를 중심으로 영유아가 함께 모여서 하게 되는 활동을 말하며, 단위 활동 지도법에 소개된 이야기나누기, 동화, 동극, 새노래, 신체 표현, 게임 등의 활동을 말한다. 영유아의 연령에 따라 하루 일과 중에 대·소집단 활동의 수가 달라질 수 있다. 영아의 경우 대·소집단 활동이 어렵고, 나이가 더 많을수록 대·소집단 활동이 많아진다. 활동 시간은 영유아의 발달과 활동의 내용과 방법에 따라 달라지지만 대개 대집단 활동은 10~20분 정도로 계획하고 소집단 활동은 영유아의 주의를 지속시키기 쉬우므로 보다 길게 계획할 수 있다. 대집단 활동은 학급의 규칙과 같이 영유아 모두가 알아야 할 내용을 다루거나 신체적인 게임 또는 음률 활동처럼 여러 명의 영유아가 함께 하는 것이 효과가 높은 활동들로 구성된다. 소집단 활동은 특정한 개념을 가르치거나 인지적인 내용을 다루는 경우 유용하다. 즉 수준이 비슷한 영유아가 모이게 할 수 있고 동극이나 과학 실험과 같이 영유아가 실제로 참여하는 활동일 경우 기다리는 시간이 길지 않으며 요리 활동처럼 활동 도구의 수가 제한적이거나 안전에 주의를 기울일 필요가 있을 때 적절한 방법이다. 교사가 계획한 대·소집단 활동은 상황에 따라 융통성 있게 변화가 가능하다.

6) 하루 일과 평가 및 귀가지도

하루 일과를 마치고 경험을 회상하면서 의미를 나누고, 영유아들이 안전하게 귀가할 수 있도록 지도하는 것은 매우 중요한 시간이다. 하루 일과 평가 및 귀가지도 시간은 하루를 지내면서 영유아가 느꼈던 기분이 다양할 수 있고, 경험의 의미도 다 다를 수 있으므로 여럿이 모여 함께 기분과 경험을 공유하며 좋은 의미들로 마무리 지을 수 있도록 세심한 배려를 해야 하는 시간이다. 긍정적인 느낌과 경험이 있었다면 가정에서도 함께 공유할 수 있도록, 불쾌한 느낌과 경험이 있었다면 가정에 도착하기 전에 정리할 수 있도록 지도하는 것이 필요하다.

하루 일과 평가
• 하루의 일과를 회상하면서 가장 인상 깊었던 것에 대해 이야기나누기 • 영유아들이 하루를 지내면서 가졌던 감정을 표현할 시간 주기 • 교사가 하루 일과 중 느꼈던 감정을 표현하기 • 하루 일과 중 영유아들이 완성한 작품이 있다면 소개하는 시간 갖기 • 즐거운 마음으로 하루를 마무리할 수 있는 방법에 대해 이야기나누기
공지 사항 안내
• 가정으로 전달하는 사항(준비물, 다음 날 있는 특별한 활동, 협조 사항 등)에 대해 이야기하기 • 알림장, 가정 통신문, 당일 실행된 투약 보고서 등이 있으면 알려 주고 잊지 않고 챙겨 보내기

귀가지도
• 조용한 활동을 하면서 귀가 준비하도록 지도하기 • 옷차림, 머리 등을 단정하게 정리하도록 도와주기 • 대소변 실수, 더러워진 옷 등이 있다면 비닐에 잘 처리해서 영유아 가방에 넣어 두기 • 귀가 전 화장실 다녀오도록 지도하기 • 영유아 자신의 소지품을 스스로 챙기도록 지도하기 • 귀가를 위한 기분 좋은 음악이나 재미 있는 인사법을 영유아와 함께 정해 실시해 보기 • 귀가 시 안전에 대한 지도하기 • 귀가 시 보호자를 필수로 확인하고 귀가지도하기(반드시 부모가 작성한 귀가 동의서에 따르거나 부모로부터 연락이 온 경우에만 귀가 조치하기)

표 3-13 영아반과 유아반의 일과지도 예시

영역	영아반	유아반
준비	• 활동 시작 10분 전에 보육실을 점검한다. • 각 영역별 자료들을 제자리에 있는가? • 보육실 내 여러 물건(쓰레기통 비우기, 휴지, 수건 등) 상태는 어떠한가? • 놀잇감은 안전하게 놓여 있는가? • 보육실을 환기하고 정리를 마무리한다.	
등원	• 영유아의 이름을 부르고 '안녕?' 인사하며 반갑게 맞이한다. • 영유아의 상태를 시진한다(기분, 건강, 청결 상태 등). • 자신의 겉옷과 소지품을 정리할 수 있도록 돕는다.	
오전 오후 간식	• 간식 전 손 씻는 것을 돕는다. • 자리 안내 및 턱받이 등 준비를 돕는다. • 영아 옆에서 스스로 먹을 수 있도록 격려한다. • 간식 그릇을 정리할 수 있도록 돕는다.	• 오전 간식이 유아의 수만큼 준비되어 있는지 확인한다. • 바른 자세로 먹고 식습관 형성을 위해 반복적으로 지도한다. • 유아 스스로 먹은 공간을 정리하도록 돕는다.
정리 정돈	• 사전에 놀잇감을 조금씩 정리하면서 정리 시간이 다가옴을 알려준 후 정리 노래를 통해 정리해야 함을 알린다. • 정리도 놀이처럼 접근하여 놀잇감의 위치를 즐겁게 찾아 정리하도록 유도한다.	• 쌓기 · 역할 영역 등 활동 자료가 많은 곳은 5분 전 정리 정돈 시간을 예고한다. • 유아들이 정리해야 할 놀잇감을 적당히 배분하여 책임감 있게 정리 정돈할 수 있도록 한다. • 모두가 참여하도록 교사가 적극적으로 돕는다.
배변 훈련 및 화장실 가기	• 개별적으로 영아의 이름을 부르며 손 씻기 및 기저귀 갈이를 한다. • 손 씻기와 기저귀 갈이의 상황을 긍정적인 언어 표현으로 격려하며 편안한 분위기를 조성한다.	• 유아가 배변 의사를 표현한 경우 화장실에 가는 것과 교실로 돌아오는 것을 확인한다. • 화장실 사용 후 손 씻기 등 신변 처리를 지도한다.

영역	영아반	유아반
실외놀이	• 사전에 놀잇감을 점검하고 준비한다. • 겉옷과 신발 신는 것을 돕는다. • 자연물 탐색 활동에 적극 참여한다.	• 안전을 위하여 소그룹 또는 차례로 나갈 수 있도록 한다. • 유아 전체를 항시 주시한다. • 놀이 후 주변을 스스로 정리하도록 한다(휴지 줍기, 물 잠그기 등).
점심	• 자리 안내 및 턱받이 등 준비를 돕는다. • 영아가 스스로 먹을 수 있도록 어느 정도 지저분해지는 것을 허용해야 한다. • 거부하는 음식의 경우 지도 교사와 협의하여 양을 조절해 주거나 조금씩 시도해 보고, 천천히 먹을 수 있도록 한다.	• 도우미 유아와 함께 점심을 준비한다. • 식단의 내용을 이야기하며 바른 식습관 지도를 돕는다. • 혼자 먹을 수 있도록 격려하며, 식사 후 주변을 정리할 수 있도록 한다. • 즐겁게 먹도록 편안한 분위기를 조성하고 개별적인 상호 작용을 한다.
낮잠 및 휴식	• 영아의 이름을 부르며 개별적으로 이 닦기, 손 씻기, 화장실 가기 등 낮잠을 위한 준비를 한다. • 영아가 낮잠을 잘 공간을 사전에 점검하고 아늑하고 편안한 분위기를 만든다 • 영아 스스로 자신의 이불을 찾아보도록 한다.	• 스스로 낮잠을 준비할 수 있도록 한다. • 낮잠을 거부하는 유아는 별도의 조용하고 편안한 공간을 마련하여 휴식할 수 있도록 한다. • 낮잠 및 휴식 후 스스로 신변을 정리할 수 있도록 한다.
귀가지도	• 지도 교사보다 먼저 부모를 맞이하고 영아의 상태를 전달하지 않도록 주의한다.	• 귀가지도 전에 지도 교사에게 유아의 놀이 상황에서 발생한 특이 사항을 전달한다.

출처: 보건복지부(2017).

7 교육·보육 활동 실습 평가

실습 평가는 보육실습의 과정을 객관적으로 검토하고 판단하는 과정으로 평가를 통해 보육실습의 의미, 보육 교사로의 성장 가능성, 앞으로 더 개선해야 할 점들을 파악할 수 있다. 이를 위해서는 모든 보육실습 과정에 대해 총체적으로 평가가 이루어져야 한다. 실습에 대한 평가는 대체로 실습생의 자기 평가와 지도 교사의 평가로 이루어지는데 실습생과 실습지도 교사가 평가 방법 및 평가 내용에 동의해야 하며, 실습을 통해 보육실습생이 보육 교사로서의 역할 수행에 얼마 만큼의 진보가 있었는지에 초점을 맞추는 것이 중요하다.

실습생은 실습을 하면서 느꼈던 소감, 계획한 활동의 목표 달성 여부, 계획과 실행 결과에 대한 반성적 사고의 내용 등을 구체적으로 기록화해야 한다. 실습 과정에서 느끼고 경험한 것에 대한 진정한 반성적 사고를 통해 객관적으로 그 과정을 평가하게 되면 개선이나 보완 사항에 대해 명확히 파악하고 더 발전적인 모습으로 성장할 수 있게 된다. 실습 과정에 대한 평가는 실습생 자신과 실습지도 교사에 의해서 이루어질 수 있다. 실습지도 교사는 실습생의 실습 과정을 관찰하여 교육 목표, 교육 자료, 교육방법, 상호 작용 기술 등에 대해 평가하며, 실습생이 자기 평가한 사항에 대해 조언, 추후 실습 과정에서 개선, 고려해야 할 점 등을 종합적으로 평가한다.

실습생 및 실습지도 교사가 실습생의 교육·보육 활동 실습 내용을 평가할 때는 다음의 사항에 초점을 두어 평가하며 평가서는 표 3-14와 같이 작성할 수도 있다.

- 교육·보육 활동의 주제와 목표, 내용이 잘 부합되는가?
- 교육·보육 활동의 목표가 국가 수준의 지침(표준 보육과정, 누리과정)의 내용과 연계되고 이를 적절히 성취하였는가?
- 교육·보육 활동의 목표가 적절하게 기술되었는가(지식, 기술, 태도)?
- 교육·보육 활동이 영유아의 흥미와 경험을 충분히 반영하였는가?
- 교육·보육 활동을 위한 자료가 적절하였는가?
- 교육·보육 활동의 도입을 위한 방법이 적절하였는가?
- 교육·보육 활동의 진행 시 교사로서의 태도가 적절하였는가?
- 교육·보육 활동을 위한 시간 안배가 적절히 이루어졌는가?
- 교육·보육 활동 공간의 배치 및 활용이 적절하였는가?
- 교육·보육 활동 시 적절한 상호 작용(동기 유발, 영유아들의 참여 등)이

이루어졌는가?

- 교육·보육 활동의 마무리와 평가 방법이 적절하였는가?
- 교육·보육 활동 간 연계(전이) 전략이 적절하였는가?

표 3-14 활동 실습 평가서 예시

<table>
<tr><td rowspan="2">작성일</td><td rowspan="2">○○월 ○○일 ○요일</td><td rowspan="2">결재</td><td>실습생</td><td>실습지도 교사</td><td>원장</td></tr>
<tr><td>㊞</td><td>㊞</td><td>㊞</td></tr>
</table>

<table>
<tr><td>학급명</td><td>○○반</td><td rowspan="2">실습 일시</td><td rowspan="2">○○월 ○○일
○○:○○~○○:○○</td></tr>
<tr><td>학급 연령</td><td>만 4세</td></tr>
<tr><td>실습생</td><td>○○○</td><td>실습지도 교사</td><td>○○○</td></tr>
<tr><td>실습생의 자기 평가</td><td colspan="3">• 등원 시 옷차림에 대해 이야기를 나누기 좋은 날씨였다. 옷의 이름에 대한 유아들의 지식을 알 수 있었다(스웨터, 겉옷, 잠바 등).
• 고구마 인형을 활용해서 고구마의 좋은 점을 설명하고 간식을 먹으니 남기지 않고 먹는 것 같았다.
• 실외 자유선택 활동에서 열매 나르기 게임은 소리가 퍼지는 열린 공간에서 이루어져 유아들의 주의집중이 어려웠다.
• 게임 활동 자료에서 저울의 눈금이 작아 유아들이 게임 결과를 확인하는 데 어려운 점이 있었다.</td></tr>
<tr><td>실습지도 교사의 평가</td><td colspan="3">• 주제와의 연계, 영역별 통합적인 전개가 잘 이루어진 내용이었다.
• 등원지도 시 몇 명과의 이야기가 길어져 맞이를 못한 유아가 있었다. 전체 유아를 고르게 파악하는 주의력이 필요하다.
• 은행 나뭇잎 찍기 활동에서 여러 번 해보고 싶을 때의 규칙이 정해지지 않아 나중에는 재료가 부족해 못 하는 유아가 있었다. 충분한 양의 재료 준비뿐만이 아니라 준비된 재료를 효율적으로 사용하기 위해 필요한 약속까지 고려하는 민감성이 필요하다.
• 오전 간식은 껍질을 까서 먹어야 하는 메뉴(고구마)여서 먹는 시간이 부족한 유아가 있었다. 평소보다 간식 시간을 여유롭게 계획하고 급하게 서두르지 않도록 유의해야 한다.
• 게임을 하면서 유아들이 흥분을 하므로 중간중간에 자기 자리와 역할을 인식하게 해주는 교사의 지도가 필요하다.</td></tr>
<tr><td>추후 지도 방안</td><td colspan="3">• 학급 전체 유아를 조망하는 훈련이 요구된다.
• 교수 자료의 작동 여부, 적합성 여부 등을 미리 확인하는 것이 필요하다.
• 활동 간 전이 시, 활동 진행 시 유아들이 다음 활동을 기다리며 심심해 하거나 지나치게 흥분하지 않도록 하는 방법이 요구된다.</td></tr>
</table>

❽ 유아 관찰

영유아의 전인적인 성장과 발달을 돕기 위해서는 실습생의 영유아발달에 대한 이해가 있어야 하며, 이를 위해 영유아의 행동에 대한 민감한 관찰이 선행되어야 한다. 그러므로 실습생은 실습 기간 동안 다양한 관찰을 통해 영유아의 발달 상태, 놀이의 특성, 집단 활동 시간의 행동 특성 등을 파악하고, 이에 기초하여 자신의 활동을 계획하고 분석하고 보완해 가는 것이 필요하다. 관찰을 기초로 영유아의 발달에 적합한 교육 계획을 수립할 수 있고, 효과적으로 교사의 역할을 수행할 수 있으므로 관찰 기술, 관찰 기록, 기록 분석을 위한 훈련은 매우 중요하다.

- 실습생의 관찰은 실습 기간 동안 점차 심화되는 것으로 진행된다. 초기에는 학급, 영유아에 대한 관찰로 시작하여, 교사로 참여하기, 단위 활동 수업, 연계 수업, 하루 일과 전체의 교육 활동을 계획하고 실행하는 과정에서의 관찰로까지 확장된다.
- 관찰의 주된 내용은 영유아의 연령에 따른 학급환경 구성의 특성, 하루 일과의 진행, 영유아의 발달 특성, 담임 교사의 역할 및 영유아와의 상호 작용 등 다양한 내용을 포함한다.
- 유아 교사로서의 참여는 현장실습 기간 동안 계속적으로 진행된다.
- 유아 교사로 참여하면서 영유아와 친밀한 관계 형성, 영유아에 대한 이해 및 유아 교사로서의 업무를 파악한다.
- 교육·보육 활동에 대한 관찰은 지도 교사의 지도 아래 실습생이 직접 교육·보육 활동을 계획하고 실행, 평가하는 과정에서 이루어진다.
- 교육·보육 활동에 대한 현장실습은 하루 일과 중의 특정 시간이나 특정 활동 담당에서 시작하여 반나절 또는 등원에서 귀가까지 하루 일과를 실습생이 책임지고 수행하는 방식으로 진행한다.

〈영유아를 관찰할 때 중점적으로 볼 내용〉

- 영유아들이 자발적, 능동적 또는 수동적으로 놀이에 참여하는가?
- 영유아들이 선호하는 영역과 선호하지 않는 영역은 어디인가?
- 잘 가지고 노는 놀잇감은 무엇인가?
- 놀이가 오래 진행되지 않고 중간에 흐지부지 끝나지 않는가?
- 놀이하는 동안 놀이에 대한 아이디어를 자주 내고, 다른 친구의 놀이에도 관심을 가지며 서로 의견을 주고받는가?
- 활동에서 함께 정한 규칙 또는 기본적인 규칙을 지키는가?
- 사용하려고 하는 자료를 다른 친구가 사용하고 있을 때 물어보고 가져가는가?
- 새로운 의견이나 자신의 느낌을 놀이에서 적절히 표현하는가?
- 대 · 소집단 활동 시 주의 집중 또는 산만함의 정도는 어떠한가?

출처: 보건복지부(2017).

1) 관찰 시 유의 사항

현장실습 과정에서 관찰을 할 때 실습생이 유의할 사항은 다음과 같다.

- 다양한 상황에서 영유아 관찰을 실시한다.
- 영유아의 행동의 질에 초점을 맞추어 기록한다.
- 가능한 관찰 대상 영유아의 행동을 관찰한 즉시 기록하여 기억의 오류를 최소화한다.
- 일회성이 아닌 지속적인 관찰을 실시한다.
- 관찰 시기, 관찰 장면, 관찰 대상을 선정하여 관찰할 수 있다.
- 관찰 내용은 일정한 형식에 따라 일관성 있게 기록한다.
- 관찰자의 주관이나 편견이 개입되지 않도록 하며 실제 일어난 상황을 객관적으로 기록한다.
- 관찰된 행동에 기초한 해석이나 평가는 관찰 내용과 구분하여 기록한다.

2) 관찰 방법

하루 일과 중에서 영유아의 행동을 관찰하는 방법에는 표본식 기술, 시간 표집법, 사건 표집법, 평정 척도법, 행동 목록법, 일화 기록법 등이 있다.

(1) 표본식 기술

표본식 기술(specimen description)은 실습생이 관찰 대상이나 장면 시간을 미리 선정한 후 그 장면에서 일어나는 영유아의 행동과 상황을 집중적으로 기록하는 방법이다. 이러한 관찰 방식은 행동에 대한 평가나 해석을 하기보다 있는 그대로의 관찰 자료를 가능한 많이 수집하는 것이 목표이다.

(2) 시간 표집법

시간 표집법(time sampling)은 실습생이 유아를 관찰하기 위해 미리 선정된 행동을 정해진 시간 간격에 맞추어 여러 번 관찰하는 방법이다. 관찰 장면은 서술하는 방식이 아니라 특정한 행동 특성이 얼마나 많이 발생하는가를 알 수 있는 방법이다. 짧은 시간에 많은 유아들의 행동을 관찰할 수 있는 방법이라 다양한 정보를 얻을 수는 없지만 관찰이 용이한 행동에 적용하면 효과적이다.

(3) 사건 표집법

사건 표집법(event sampling)은 하나의 특정한 행동이나 사건이 생길 때에만 관찰하는 방법이다. 관찰하고자 하는 행동이나 상황을 정해 두고 그러한 행동이나 상황이 발생할 경우를 기록하는 방법이다.

(4) 평정 척도법

평정 척도법(rating scale)은 관찰된 활동의 질적인 상태까지 평가할 수 있는 방법이다. '옷을 바르게 입는다'라는 관찰 행동을 예로 들 때, 옷을 바르게 입는가 그렇지 않은가만 평가하는 것이 행동 목록법이라고 한다면 평정 척도법은 바르게 입는 정도까지 관찰 평가하는 방법이다. 대개는 3점 척도(상, 중, 하) 또는 5점 척도(매우 잘함, 잘함, 보통, 못함, 매우 못함)로 구분하여 행동의 정도를 표시하도록 한다.

(5) 행동 목록법

행동 목록법(checklist)은 체크리스트를 활용하여 영유아의 행동, 기술, 혹은 발달 특성의 유무를 간단히 기록할 수 있는 방법이다. 이 방법은 관찰 가능한 행동을 기록하므로 관찰 시간이 절약되고 영유아의 행동을 쉽게 관찰할 수 있기 때문에 관찰 대상의 현재 상태를 파악하고자 할 때 자주 사용된다.

(6) 일화 기록법

일화 기록법(anecdotal record)은 영유아의 행동 중 기록할 만한 가치가 있는 한 가지 행동이나 상황에 초점을 맞추어 구체적인 행동 사례나 사건을 기록하는 방법이다. 특정한 틀이 없고 관찰 기록할 만한 가치가 있다고 판단되는 사례를 어느 곳에서나 기록할 수 있어서 유아교육기관에서 실시하기 쉬운 방법이다.

영유아 관찰의 여러 방법 중 자신이 본 상황을 그대로 기술하는 일화 기록법이 현장실습생이 보다 유용하게 활용할 수 있는 방법의 하나이다. 일화 기록에 의한 유아의 관찰은 다음과 같이 실시할 수 있다.

- 매일 1명의 집중 관찰 대상 영유아를 선정한다.
- 일과 시간대별로 관찰한다.
- 발달 영역, 유아교육과정 혹은 보육과정의 영역, 또는 흥미 영역 중심으로 관찰한다.
- 관찰을 통해 영유아의 개별적 흥미, 또래 관계, 놀이 행동 특성 등을

파악한다.

- 언제든지 관찰 기록이 가능하도록 작은 메모지와 필기구를 소지한다.
- 일과 중에는 자세한 일화 기록이 어려우므로 중요 사항 중심으로 약식 기록을 하고 일과 종료 후 약식 기록 내용에 기초해서 구체적으로 작성한다.

표 3-15는 일화 기록에 의한 영유아 관찰 예시이다. 예시에서 볼 수 있는 바와 같이 관찰한 내용의 사실적인 기록과 이에 대한 관찰자의 해석 및 평가를 구분하여 기록해야 한다.

표 3-15 일화 기록에 의한 유아 관찰 예시 1

관찰 유아	김○○(만 3세)	관찰일	20○○년 ○○월 ○○일 ○요일
성별	남	관찰 시간	오전 9:30~9:35(5분)
관찰자	○○○	관찰 장면	보육실의 쌓기 영역에서 자동차 길 구성
기록	• 쌓기 영역에서 우레탄 블록을 수평으로 길게 놓은 후 "선생님, 찻길이에요"라고 말하고 큰 자동차를 굴린다. 그리고 "나는 소방차가 좋아!"라고 하며 벽돌 무늬 종이블록을 가지고 울타리가 있는 공간을 구성한 후 그 안에 소방차를 넣어 둔다. 옆에 놀던 △△가 자동차를 가지고 온다. • △△가 가지고 오는 자동차를 보며 "그거 좋다. 그거 이리 줘 봐"라고 말한다. △△가 "싫어, 네꺼 있잖아"라고 말하며 거부하자 강제로 뺏으려 한다. 교사가 다가와 ○○에게 "○○야, △△가 가지고 있는 자동차가 필요하구나. 그런데 △△가 필요해서 먼저 가지고 놀고 있었고, ○○가 필요하면 친구에게 빌려 달라고 말해 보자. 그리고 ○○가 필요 없는 자동차는 다른 친구들도 가지고 놀 수 있도록 양보하면 어떨까?"라고 말한다. • ○○는 교사를 바라보지 않고 "아니요, 난 이게 다 필요해요"라고 말하며 계속 자동차를 길 위에 굴린다. ○○는 △△의 놀이를 바라보다가 가지고 놀던 자동차를 바닥에 두고 미술 영역으로 이동한다.		
해석 및 평가	블록을 이용하여 자신이 생각하는 구조물을 구성할 수 있다. 놀이 중 필요한 놀잇감을 또래와 나누고 공유하는 데 어려워한다. 또래와의 갈등 상황에서 자신의 생각을 긍정적으로 표현하는 것이 어렵다. 친구와의 여러 놀이 상황에서 놀잇감을 공유하는 것에 대해 꾸준한 지도가 필요하다.		

출처: 보건복지부(2017).

표 3-16 일화 기록에 의한 유아 관찰 예시 2

기록일: 20 .07. 04

이름: 강○○ 연령: 만 5세 성별: 여 기록자: 장○○

시우가 '비행기야, 날아라' 그림을 그린다. 옆에 선생님이 다른 친구에게 "도로를 그려 보자"고 이야기를 하자 시우가 "나는 도로를 그렸는데, 이렇게"라고 말하며 네모로 도로를 그린다. 옆에서 연우가 "내거랑 똑같네"라고 말하며 "차돌이야 피돌이야?"라고 묻자 시우는 "차돌!"이라고 말한다. 교사가 "이건 뭐에요?"라고 묻자 "바람이요"라고 말한 뒤 창문을 가리키며 "여기 이렇게 이상한 사람이 있어요"라고 말한다. 그때 친구가 검은색 색연필을 가지고 가려고 하자 "어, 검은색은 주고 가야지"라고 말한다. 시우의 그림에는 비행기가 그려져 있고 창문에는 사람이 그려져 있으며 비행기 위에 태극 마크를 그리고 갈색으로 바퀴를 그렸다. 시우가 창문을 가리키며 "이건 창문이 닫혀 있는 거예요. 대한민국 이 표시는 문이 닫혀 있는 거예요"라고 말하며 대한민국을 비행기에 쓴다. 교사가 "여기 태극 마크가 있네"라고 말하자 시우가 "비행기는 원래 이래요. 대한항공은 원래 이래요"라고 말한다. 교사가 "이제 정리해 보자"라고 말하자 "잠깐만요"라고 말하면서 조금 더 그리는 모습을 보이더니 정리한다.	
분석 및 평가	• 신체 운동 · 건강: 색연필과 같은 쓰기 도구를 활용하여 여러 가지 조작 운동을 하여 활동지를 한다. • 의사소통: 주어진 상황에 맞게 대한항공과 같이 다양한 낱말을 사용하여 상황에 맞게 말하며 자신의 이름과 주변의 친숙한 글자를 써 본다. • 자연 탐구: 비행기에 대해 관심을 가지고 있으며 주변 사물과 자연 세계에 대해 지속적으로 호기심을 갖고 알고자 한다.

표 3-17 일화 기록에 의한 유아 관찰 예시 3

유아명	ㅇㅇㅇ	생년월일	ㅇㅇㅇㅇ.ㅇㅇ.ㅇㅇ.
성별	여	관찰 교사	김ㅇㅇ

일시/장소	관찰 내용	교사 의견
ㅇㅇ.ㅇㅇ.(ㅇ) (10:00~10:10) 자유선택 활동 시간	미술 영역에서 종이접기 책을 펴놓고 나비를 접고 있다. 색종이를 삼각형으로 접어 끝부분을 맞춘 후 손가락으로 눌러 준다. 다음 순서에서 갈팡지팡하던 ㅇㅇ가 생종이를 책 위에 올려놓고 이리저리 돌려 가며 접어 본다. 삼각형에서 비스듬히 접은 색종이와 책에 나온 그림을 비교해 보던 ㅇㅇ가 완성된 나비 모양 위에 색종이 접은 것을 올려놓고 "이거 맞나?"라고 혼잣말을 한다. 옆에서 바라보고 있던 교사에게 "선생님, 어떻게 해요?" 교사가 "ㅇㅇ야, ㅇㅇ가 잘 접었는데, 이렇게 접는 게 맞아. 이 부분을 살짝 올려 주면……", "와, 똑같다! 나비다!" ㅇㅇ가 눈 스티커를 들고 와 "선생님, 이거 스티커 붙여도 돼요?"라고 묻는다. 교사가 "그럼, 나비한테 눈 말고 또 뭐가 있을까?" "음, 그거 있잖아요. 기린같이 생긴 거(머리 양쪽에 손가락으로 뿔을 만든다)", "아, 더듬이! 더듬이를 말하는 거니?" "네, 그리고 나비는 엄청 날아가는 걸 좋아하죠?" 나비에 눈 스티커와 빵끈으로 더듬이를 붙여 준 ㅇㅇ가 나비를 흔들며 날아가는 흉내를 낸다.	소근육이 발달한 ㅇㅇ는 종이접기 책을 펴놓고 자신이 좋아하는 동물 등을 찾아 종이접기하는 것을 즐긴다. 어려운 부분은 교사에게 도움을 요청하기도 하지만 스스로 하려고 노력한다. ㅇㅇ의 이러한 점이 지속적으로 나타날 수 있도록 격려하며 지도해야겠다.
ㅇㅇ.ㅇㅇ.(ㅇ) (09:30~09:35) 자유선택 활동 시간	ㅇㅇ는 종이를 잘라 세로로 붙이는 다른 유아들과는 다르게 가위로 종이를 길게 잘라 가로로 도화지에 붙인다. 손도장을 찍은 후 눈 스티커를 붙이고 다리와 더듬이를 그려 준다. 친구들이 모두 활동을 마치고 자리를 정돈해도 천천히 끝까지 그림을 완성한다. 교사가 "ㅇㅇ야, 힘들지 않니? 힘들면 내일 해도 괜찮아"라고 하자 ㅇㅇ가 웃으며 "안 힘들어요. 재미있어요"라고 이야기한다.	미술 활동을 좋아하는 ㅇㅇ는 창의성과 과제 집착력이 높은 편으로 시간이 오래 걸려도 활동을 꼼꼼하게 마무리한다. 단, 함께 정리하는 시간에 ㅇㅇ도 참여할 수 있어야 하므로 오랜 시간이 소요되는 활동의 경우, 다른 활동보다 조금 먼저 시작하도록 하거나 또는 정리 시간이 되면 활동을 중단하고 다음 날 다시 할 수 있다는 것을 사전에 이야기해 주어야겠다.

출처: 서울특별시교육청(2017).

CHAPTER

04

현장실습 기관 구성원과의 관계 형성

지도 교사와의 관계 형성 | 영유아와의 관계 형성 | 동료 실습생과의 관계 형성 | 학부모와의 관계 형성 | 바람직한 관계 형성을 위한 실습생의 역할

CHAPTER 04

현장실습 기관 구성원과의 관계 형성

현장실습은 예비 유아 교사의 역량 강화를 위한 필수적인 과정이다. 영유아 관찰 및 지도, 활동 계획 및 진행, 평가 등 유아교육과 관련된 영역뿐 아니라 직장인으로서 기관에서 만나는 여러 인물들과의 조화로운 관계 맺음 또한 예비 유아 교사에게 필요한 역량이다. 이 장에서는 실습을 통해 만나게 되는 지도 교사, 영유아, 동료 실습생, 학부모와의 바람직한 관계 형성에 대해 살펴보기로 한다.

현장실습은 예비 유아 교사가 학교를 벗어나 다양한 관계를 경험하는 장이다. 실습생은 실습 학급의 지도 교사, 영유아뿐 아니라 기관장, 타 학급 교사, 동료 실습생, 학부모를 비롯하여 조리사, 기사 등 기관의 다양한 사람들과 관계 맺게 된다. 현장실습은 예비 교사로서 한 학급을 어떻게 운영할지 뿐만 아니라, 직장인으로서의 관계 맺음에 대해 새롭게 경험하고 숙고하는 시간이기도 하다. 가족 문화에 익숙한 우리나라 분위기상 많은 예비 유아 교사들이 조직에서 만나는 상사나 동료를 부모나 형제자매로 투사하는 경우가 많은데, 전문가들은 가족 관계와 직장에서 만나는 관계는 구분하여 사고할 필요가 있다고 지적한다(김형경, 2006, 2015). 현장실습 기관에서 만나는 기관장이나 지도 교사, 혹은 동료 교사는 부모나 형제자매가 아니므로 가족 관계를 기대하기보다는 직장 내 상사와 동료 관계로 인지하고 조직의 특성과 위계에 기반하여 관계를 새롭게 이해하고 경험하는 것이 필요하다.

TIP 생각해 보세요.

현장실습 기관에서 만나게 될 구성원에 대한 이미지를 메타포(은유)로 표현해 보세요. 메타포를 통해 우리가 관계에 대해 어떤 기대를 하고 있는지 알아보세요.

- 영유아는 ______________________(이)다.
  왜냐하면 ____(이)기 때문이다.
- 동료 실습생은 ______________________(이)다.
  왜냐하면 ____(이)기 때문이다.
- 실습지도 교사는 ______________________(이)다.
  왜냐하면 ____(이)기 때문이다.

1 지도 교사와의 관계 형성

실습생이 기관에서 가장 많은 시간을 함께 보내고 가장 많은 영향을 받는 사람 중의 한 명이 지도 교사이다. 지도 교사는 교실에서 실습생의 언행을 피드백하고 교사로서 실습생의 역량을 직접적으로 평가하는 대상일 뿐 아니라, 교사로서의 모델링을 보여 주는 존재라는 점에서 실습생에게는 어려우면서도 중요한 대상이다.

실습생과 지도 교사의 관계에 대한 다양한 연구(김혜원, 2016; 박은혜·조운주, 2014; 조채영·좌승화, 2014; 차영숙 외, 2011; 이진화·유준호, 2009)에 따르면 지도 교사가 평가자뿐 아니라, 바람직한 교사 모델 및 공감적 지원을 주는 선배로서의 역할을 수행할 때 긍정적 관계를 형성하게 된다. 실습생 역시 지도 교사의 피드백을 긍정적으로 수용하고 능동적인 자세로 실습에 임할 때 지도 교사와 긍정적 관계를 형성하게 된다.

그러나 실습생과 지도 교사의 만남은 인간과 인간의 만남이라는 점에

표 4-1
실습생과 지도 교사의 관계 형성을 위한 노력

실습생의 노력	지도 교사의 노력
• 교실에는 이미 형성된 지도 교사와 영유아의 생활 규칙이 존재함을 인지하고 이를 존중한다. • 실습생으로서의 역할과 한계에 대해 지도 교사의 의견을 수용하고 존중한다. • 지도 교사의 긍정적 모습뿐 아니라 부정적 모습 또한 반면교사로 삼아 비판이나 비난 등의 평가 대신 그러한 경험으로부터 배우려는 자세를 유지한다. • 지도 교사는 부모나 형제가 아니므로 과도한 배려나 공감을 요구하지 않는다. • 실습생으로서의 역할과 활동에 성실히 책임을 다한다. • 지도 교사, 영유아 등 유아교육기관의 문제 및 단점을 외부에 노출하지 않는다.	• 교실에서 실습생의 역할에 대한 명확한 지침을 준다. • 영유아에게 실습생을 소개하고, 실습 교사로서의 권위를 부여하고 인정해 준다. • 실습생의 역할과 활동에 대해 구체적인 피드백을 준다. 실수나 실패에 대해서는 비교나 비난이 아닌 위로와 조언을 제공하고, 성취에 대해서는 격려한다. • 실습생의 문제나 단점을 외부에 노출하지 않는다. • 선배 교사로서 실습생에 대한 지지자로서의 역할을 유지한다.

서 이론에서처럼 이상적인 지도 교사와 이상적인 실습생의 모습으로만 나타나지 않는다. 조채영과 좌승화(2014)의 연구에서는 실습에서 경험하는 실습생의 갈등 중 지도 교사와 겪는 갈등이 유아 및 자신과 겪는 갈등 다음으로 높게 나타났다. 지도 교사와 겪는 갈등의 구체적 원인을 살펴보면, 지도 교사의 수업 모델링 부족, 실습에 대한 전반적인 안내 부족, 수업 준비를 위한 자료 제공 부족, 수업 계획안에 대한 지도 부족, 구체적 지도를 위한 협의 시간의 부족, 실습일지 기록 방식에 있어서의 불합리성, 지도 교사의 비인격적 대우, 지도 교사의 지지와 격려의 부족 순으로 그 원인이 나타났다.

"담임 선생님께서 실습지도안이나 교육방법 등 이러한 것들을 지도하는 방향이 비일관적일 때는 정말 이 선생님에 대한 신뢰가 무너져 버려요. 제일 혼란스러웠던 부분은 선생님께서 '이렇게 해 오세요'라고 해서 나는 선생님이 가르쳐 주신대로 해왔는데 선생님은 '왜 이렇게 해왔어요? 내가 언제 그랬어요?'라고 말을 하시며 나에게는 말할 기회조차도 주지 않아 너무 억울했어요."

W 대학 예비 유아 교사 도○○

"담임 선생님이 저희 실습생들에게 하는 말과 본인들의 행동이 전혀 다를 때는 완전히 믿음이 사라져요. 우리들 보고는 담임 선생님은 '아이를 사랑해라!', '이렇게 하세요'라고 가르치면서 담임 선생님 본인은 전혀 그러지 않을 때, 특히 아이들 다룰 때 사용하는 방법들이 아주 비교육적일 때는 저 사람들도 다 학교에서 저렇게 하면 안 된다는 거 배웠을 텐데, 다 알고 있을 텐데 어쩜 저런 행동을 하는지 진짜 완전 믿음이 싹 사라져요. 아, 선생님이 되면 모두 별수 없구나! 교사로서 나도 저렇게 될까 하는 무기력감? 교사라는 직업에 대한 회의 등 정말 혼란스러웠어요."

W 대학 예비 유아 교사 이○○

출처: 한민경(2009).

그러나 대부분의 갈등은 한쪽의 일방적인 결함이 아니라 양쪽의 상호 작용의 결과로서 나타나는 경우가 많다. 실습지도 교사가 겪는 어려움과 보람에 대한 연구를 진행한 이승은과 김정주(2017)의 연구에 따르면 실습교사는 기관 및 교육에 대한 이해가 부족한 실습생을 일일이 지도해야 하거나, 소극적인 자세와 태도로 실습에 임하는 실습생을 볼 때 가장 큰 어려움을 느낀다. 반면, 실습생이 교사로서의 열의와 자세를 갖추어 가거나 유아들에게 따뜻한 눈길을 보내며 친밀하게 지낼 때 보람을 느낀다.

실습생이 실습지도 교사에 대한 기대가 충족될 때 만족을 느끼는 것처럼 실습지도 교사 또한 실습생에 대한 기대가 충족될 때 실습생에 대한 보람과 만족을 느끼는 것을 알 수 있다. 관계는 이처럼 상호 작용의 결과

표 4-2
실습생에 대한 실습지도 교사의 어려움과 보람

어려움	보람
• 유치원 생활 및 수업에 대한 이해가 부족하여 일일이 설명해야 할 때(38.2%) • 실습생의 소극적인 자세와 태도 때문에(24.7%) • 이미 지도했거나 주의 주었던 내용이 고쳐지지 않아서(13.5%) • 성실하게 수업 참관을 하지 않거나 잡단을 해서(5.6%) • 교육과정에 대한 이해가 부족해서(4.5%)	• 실습생이 교사로서 열의와 자세를 갖추어가는 모습을 볼 때(34.8%) • 유아들에게 따뜻한 눈길을 보내며 친밀하게 지내는 모습을 보았을 때(28.1%) • 노력하고 향상되어 가는 모습을 볼 때(18.0%) • 나의 초임 교사 시절을 떠오리며 나를 되돌아보게 되었을 때(12.4%) • 새로운 후배 선생님을 길러 내는 데 일조했다는 마음이 들 때(6.7%)

출처: 이승은, 김정주(2017).

임을 인지하는 것이 중요하다. 특히, 실습을 바라보는 관점이 실습생에게는 중요한 교육의 한 과정이지만, 지도 교사에게는 여러 업무 중 하나라는 점에서 실습을 대하는 자세는 다를 수 있다.

강문숙과 김두규(2017)의 연구에 따르면 예비 유아 교사가 묘사한 실습 전 교사에 대한 이미지는 "아이들을 좋아하고 사랑하는 사람, 잘 가르치는 사람, 보호자, 엄마, 사랑, 따뜻한, 온화하고 착한"이란 단어로 기술되었으나, 실습 후에는 "정말 힘든 일, 부족한 교사의 손길, 인내심, 생활 예절을 가르쳐 주는, 몸을 아끼지 않는, 돌봄, 엄마, 사랑, 교육자, 행동 수정자 등"의 단어로 기술되었다. 실습 전에는 교사에 대한 이미지가 긍정적으로 진술된 반면, 실습 후에는 교사의 역할이 어린 영유아를 돌보는 실존적이고 실천적인 작업이라는 점에서 고되고 힘에 겨운 일임을 인식하고 있다. 실습생의 입장에서 실습은 일상의 가장 중요한 활동임에 반해 실습지도 교사의 입장에서 실습은 영유아지도라는 주된 업무 이외의 추가적인 업무임을 인식하고 인정하는 것이 필요하다.

실습지도 교사가 실습지도라는 추가적인 업무까지 온전히 해낼 수 있다면 실습생에게는 무엇보다 도움이 되는 바람직한 일이지만, 실습지도 교사도 자신과 동일하게 감정을 느끼고 체력의 한계를 느끼는 존재임을 인식하고 이해하면 교사에 대한 부정적 감정이 다소 완화될 수 있다. 교사에 대한 이상적 이미지를 투사하여 지도 교사를 평가하기보다는 선배 교사에 대한 우애와 연대의 마음으로 관계 맺을 필요가 있다.

관계는 상호 작용적인 것이라 관계 맺는 타인이 자신에 대해 호감이나 호의를 보이면 관계는 좀 더 긍정적인 방식으로 전개될 수 있다. 실습지도 교사 역시 실습생에게 온전한 지도와 정서적 친밀감을 주기 위해 노력하는 것이 필요하지만, 본 교재는 실습지도 교사가 아니라 실습생이 대상이라는 점에서 실습생이 실습지도 교사에 대한 호감과 호의를 바탕으로 성실하게 실습에 임하는 자세와 태도를 갖추는 것 또한 중요함을 강조하고자 한다.

"학교에서 하지 말라고 배웠던 것을 선생님께서 하시면 '나는 이렇게 해야지' 생각하고 교수방법에 대해서 여러 가지 방법을 생각하고 또 어떤 것은 직접 유아들에게 적용시켜 보았고, 만들기를 시켜서 늦게 가더라도 일부러 콧노래를 흥얼거리며 즐겁게 시간을 보내려고 노력하였다. 그랬더니 상황은 전혀 변한 게 없었지만 스스로의 생각을 바꾸는 단순한 방법으로 덜 힘든 하루하루를 보낼 수 있었던 것 같다."

경기 소재 대학 예비 유아 교사 B

"봉사나 실습 경험으로 인해 확실히 내가 변화했다는 점이다. 예전에는 쭈뼛거렸을 상황에 먼저 다가가서 '선생님, 도와드릴 건 없나요?'라고 묻거나 무언가를 하려고 하시면 '선생님, 그거 제가 할까요?'라고 물어서 선생님의 수고를 덜어드릴 수 있었다. 그리고 주어진 것에 최선을 다하고 뒤에 앉아 필기만 하며 감독하는 사람이 되지 않도록 노력했다. 함께 노래를 부른다면 같이 노래를 부르고 춤을 추면 같이 춤을 추며 외부인이 아니라 일원이라고 느끼도록 말이다."

경기 소재 대학 예비 유아 교사 E

출처: 김혜원(2016).

이러한 점을 인지하고 실습생의 입장에서 지도 교사의 의사소통 방식이나 수업 태도를 바꿀 수 없다는 것, 실습생이 원하는 피드백이나 이미지를 지도 교사가 그대로 갖고 있을 수 없다는 것, 짧은 실습 기간에서는 알 수 없는 교사–영유아 간의 고유한 관계의 역사가 있다는 것 등을 인식하고 수용하는 태도가 필요하다. 실습은 지도 교사의 태도를 평가하기 위한 것이 아니라, 교사로서의 역할 및 태도, 조직에서의 관계에 대한 경험 등을 배우기 위한 장임을 기억하고 실습을 통해 긍정적인 것뿐 아니라 부정적인 것 또한 반면교사로 삼고 그 안에서 배움을 찾으려는 자세가 필요하다.

❷ 영유아와의 관계 형성

실습의 가장 중요한 목적 중 하나는 학교에서 배운 이론을 현장에 적용하며 교사로서 필요한 실천적 경험 및 지식을 형성하는 것이다. 영유아와의 관계 형성 및 이를 토대로 한 교수학습 과정은 그 자체가 실습의 가장 중요한 목적인 셈이다.

다양한 연구 결과(김현수, 2016; 안지영, 2015; 조채영·좌승화, 2014; 차영숙 외, 2011; 이진화·유준호, 2009)에 따르면 실습생에게 가장 큰 만족을 주거나 가장 큰 갈등의 요인이 되는 것 중 하나는 영유아와의 관계이다. 영유아와의 관계가 긍정적이면 실습생은 예비 교사로서 자신에 대한 긍정적 평가를 하고, 영유아와의 관계가 갈등에 집중되어 있으면 예비 교사로서 자신에 대한 부정적 평가를 하기 쉽다.

"부분 수업 결과가 기대에 미치지 못해 전일 수업에 대해 많이 걱정했는데, 예상외로 아이들의 반응이 너무 좋았다. 아이들이 대답도 잘해 주었고, 내가 준비한 신체 활동에도 적극적으로 참여해 주어서 수업이 너무 잘 진행되었다. 또 내가 정성껏 만든 교구를 아이들이 재미있게 가지고 노는 모습을 보니까 그동안 제작하면서 힘들었던 마음이 한꺼번에 없어지는 듯하였다."

B 대학 예비 유아 교사 우○○

"실습 초기에는 나를 보고 서먹해 하던 아이들이 시간이 지날수록 나에게 친밀감을 느끼는 것 같았다. 아이들과 관계가 친밀해지자 실습도 덜 힘들게 느껴졌다."

A 대학 예비 유아 교사 김○○

출처: 이진화, 유준호(2009).

실습생이 경험하는 영유아와의 부정적 관계 원인은 영유아 통제에 대한 능력 부족, 문제아 지도의 어려움, 특수아 지도의 어려움, 훈육과 자율의 균형 유지 곤란, 유아들의 예기치 않은 반응, 실습생의 권위에 대한 유아의 불인정 순으로 나타났다(조채영·좌승화, 2014).

"실습을 오기 전에는, 아니 내가 직접 실습생 역할을 하기 전에는 아이들을 마냥 귀엽고 착한 천사로만 생각했던 것 같다. 그런데 막상 아이들 가까이에서 함께 생활하다 보니 아이들의 단점이 너무 많이 보였다. 일단 아이들은 선생님의 말을 잘 듣지 않았고 또 서로 양보할 줄도 모르는 것 같았다. 하루에도 몇 번씩 싸우고 우는 모습을 보고 나는 어찌할 바를 몰랐다. 내가 개입해서 해결해 보려고 했지만 아이들은 내 말을 잘 듣지 않는 것 같았고 결국 담임 선생님이 오셔야 싸움이 끝났다. 아이들의 이런 모습을 보면서 아이들에게 실망감을 느꼈고 내가 과연 이런 아이들을 진심으로 사랑할 수 있을까 걱정이 들었다."

B 대학 예비 유아 교사 김○○

출처: 이진화, 유준호(2009).

김문숙과 김두규(2017)에 의하면 실습 전후, 실습생의 영유아에 대한 이미지 변화가 관찰되는데, 이는 위에서 언급한 것처럼 실습 과정에서 영유아와의 상호 작용에 어려움을 겪고 있음을 의미한다. 실습생과 영유아 상호 작용의 어려움은 실습생 개인의 역량 문제라기보다는 일시적이고 특수한 상황에서 진행되는 실습의 구조적 환경에서 기인하기도 한다.

실습생으로서 실습 기관에서 영유아와 맺는 관계는 담임 교사와 영유아가 맺는 안정적이고 지속적인 관계와는 달리, 일시적이고 그래서 상대적으로 불안정한 상황에 놓여 있다. 담임 교사와 영유아가 그동안 형성해 놓은 학급의 분위기와 문화에 중간에 개입하게 되는 상황이므로 영유아와의 신뢰 형성, 영유아의 개별적 특성 파악, 교사로서의 권위 형성에 어려움을 겪는 것이 사실이다. 영유아와 단기간 짧게 형성되는 관계를 긍정적인 방향으로 이끌기 위해서는 이러한 상황을 인지하고 수용한 후, 그 특수한 토대 위에서 영유아와 관계 맺기 위한 노력을 하는 것이 필요하다.

표 4-3 보육실습 전과 후 영유아에 대한 이미지

실습 전	실습 후
• 사랑스러운 • 하얀 도화지 • 귀여운 • 순수한 • 지켜 주어야 하는	• 얄미운 • 때로는 쿡 박아 주고 싶은 • 개구쟁이 • 아이들마다 다른 특색 • 보살펴 주어야 하는 • 잘 다듬어 주어야 하는 • 천사

출처: 김문숙, 김두규(2017).

표 4-4
실습생과 영유아의 관계 형성을 위한 노력

긍정적 관계를 위해 지양해야 할 태도	긍정적 관계를 위해 지향해야 할 태도
• 담임 교사의 역할을 기대하거나 영유아로부터 담임 교사와 동일한 신뢰를 받길 기대하는 것 • 영유아에게 친절한 태도만 보이려고 노력하는 것 • 실습생에게 부정적 모습을 보이거나 곤란한 행동이나 질문을 하는 영유아에게 실망하거나 편견을 갖는 것 • 실습생으로서 지킬 수 없는 약속을 영유아에게 하는 것 • 특정 영유아를 편애하는 언어적, 비언어적 표현을 하는 것	• 실습생으로서 담임 교사의 교수학습을 조력하는 선에서 영유아와의 관계를 형성하기 • 공감적 태도뿐 아니라 활동을 주도해야 할 경우에는 교사로서의 권위도 유지하기 • 실습생에게 부정적 모습을 보이는 영유아의 행동을 발달심리학적 관점에서 이해하고 교사로서 긍정적 관계를 맺기 위한 노력을 지속하기 • 실습생의 위치에서 영유아의 요구에 솔직하게 반응해 주기 • 모든 영유아에게 긍정적인 언어적, 비언어적 표현을 지속하기

실습생은 담임 교사와 영유아 사이에 형성되어 있는 규칙 안에서 담임 교사를 조력하는 방식으로 영유아와 관계 맺는 것이 바람직하다. 특히, 실습은 예비 유아 교사로서의 실천적 지식을 학습하는 시간이므로 예비 유아 교사로서 영유아에 대한 따뜻한 공감과 지지뿐 아니라, 교사로서의 권위를 함께 지니고 접근하는 것 또한 중요하다. 단위 수업을 진행하게 되거나 담임 교사에게서 특정 활동에 대한 위임을 받아 적극적인 교수학습이 필요한 순간에는 교사로서의 당당함과 전문성을 지니고 접근하는 태도가 필요하다. 이를 위해 영유아의 이름 불러 주기, 자유선택 활동의 놀이에 함께 참여하기, 영유아와의 약속을 신중히 하기, 따르지 않는 영유아에게 먼저 관심 갖기, 갈등 상황이나 문제 상황에서는 권위를 갖고 접근하기 등의 구체적 행동 전략이 필요하다(박은혜·조운주, 2014; 안지영, 2015).

"아이들의 이름을 알아야 친밀하게 다가갈 수 있기 때문에 아침에 유치원에 도착해서 네임카드를 가지고 열심히 외웠어요. 어느 순간부터인가 아이들의 이름을 일부러 부르면서 상호 작용을 했더니 아이들도 나의 이름에 관심을 갖기 시작했어요. 서로의 이름을 익히고부터 본격적으로 친밀한 관계에 들어간 거 같고……. 아이들 이름을 빨리 외우고, 이름을 한 명 한 명 불러 주면서 아이들의 눈높이에서 놀이해 준 것이 아이들과 빨리 친해질 수 있었던 이유인 것 같아요."

J 대학 예비 유아 교사 이○○

"자유선택 활동 시간에 나는 역할 영역에서 음식을 만들며 놀고 있는 아이들에게 가서 넌지시 말했다. '아휴, 배고파. 맛있는 것이 먹고 싶은데……. 무엇이 있어요?'라고 물어보았다. 아이들은 잠시 머뭇거리더니 곧 미소를 지으며 '어, 어, 여기 귤이 있어요. 귤을 먹어요'라고 첫마디를 건넸다. 나는 '와, 너무 맛있겠다. 얼마에요?'라고 물어보고 돈을 건네는 흉내를 내고는 맛있게 먹는 척을 했다. 그렇게 난 아이들과의 초기 라포르를 형성하기 시작하였다."

J 대학 예비 유아 교사 신○○

"자유선택 활동 시간에는 아이들과 좀 더 빨리 가까워지려고 조금은 덜 친한 아이들에게 가 함께 놀이를 했다. 이 시간은 마치 마법과 같은 시간이었다. 왜냐하면 함께 놀이를 한 유아와 그렇지 않은 유아들은 나에게도 또 그들에게도 다르게 느껴지는 것 같았다."

J 대학 예비 유아 교사 박○○

"처음 수업을 할 때는 아이들 앞에 서는 것이 너무 떨리고 자신감이 없었다. 아이들도 이런 나의 모습을 정확히 파악하였다. 두 번째 수업 때는 한 유아가 '맨날 쑥스러워해'라고 말을 했다. 이때부터 나는 나 자신을 잘 컨트롤해야겠다고 다짐했다. 자신이 없어 긴장하는 나의 모습을 보자 몇몇 유아들은 그것을 파악하고 장난삼아 놀리는 것 같았다. 한 유아의 그런 반응이 나로 하여금 교사로서 더욱 당당한 모습을 보여 주어야겠다는 강한 의지를 불러일으켰다."

J 대학 예비 유아 교사 정○○

출처: 안지영(2015).

❸ 동료 실습생과의 관계 형성

대학 생활을 함께했거나 같은 전공을 공부한 동료 실습생은 실습 기간 동안 실습생이 맺는 중요한 인간관계 중 하나이다. 일반적으로 실습생들은 동료 실습생에 대해 실습이 이루어지는 전체 과정을 통해 다양한 감정을 경험하게 된다. 실습을 진행하기 전에는 같은 경험을 할 동반자로 인식을 하지만 실습이 진행되는 동안에는 동반자이면서도 경쟁자로서의 감정도 함께 지니게 된다(박은혜·조운주, 2014; 유병예·양성은, 2013; 윤희경, 2007). 동료 실습생과의 관계는 지지자인 동시에 선의의 경쟁자라는 인식을 지니는 것이 가장 바람직하지만(유병예·양성은, 2013), 실습 기간 동안 어떠한 관계 형성을 했는가에 따라 동료 실습생과의 관계는 달라진다.

동료 실습생과의 갈등에 대한 연구(조채영·좌승화, 2014; 차영숙·강민정·유희정, 2011; 윤희경, 2007)에 따르면 동료 실습생과의 업무 분담과 협조 부족, 평가에 대한 지나친 의식, 인정받기 위한 지나친 경쟁 의식, 동료 실습생에 대한 유아들의 선호도 의식 등이 갈등의 주된 원인으로 나타난다.

"친구들이 같이 실습에 가면 서로 도움은 참 많이 되고 힘도 많이 돼요. 그런데 그게 나중에 취업으로 이어지는 상황이 되다 보니까 서로 알게 모르게 경쟁을 하게 되거든요. 저희 같은 경우에는 3명이 갔는데 1명만 신입 교사를 뽑을 거라고 하더라고요. 저희 경쟁률이 3:1인 거예요. 우리 중에 1명 밖에 안 되는 거예요. 그때부터 부분 수업이라든지 연구 수업 같은 데서 서로 정보를 주고받는 게 없어지고 안 볼 때 더 열심히 하려고 하는 그런 경쟁이 생기니까 힘들어지더라고요. 같은 실습생이고 친구지만 얘는 나랑 경쟁자다, 살아남아야 하니까 그게 힘들었던 것 같아요."

C 대학 예비 유아 교사 박○○

"○○ 대학에서 온 실습생이랑 우리랑 같이 있었거든요. 무조건 우리가 더 잘해야 된다는 생각이 드는 거예요. 그래서 진짜 힘든데도 매일 일등으로 출근하고 선생님들을 보면 인사도 열심히 하고, 부분 수업 같은 거 준비할 때도 우리가 더 잘하려고 진짜 많이 고민했어요. ○○ 대학 실습생이 아침에 선생님께 과일을 가져다 주는 거예요. 그런데 따라 하기는 싫고 우리는 그런 거 말고 수업에서 더 잘해야겠다 싶어서 밤새서 만들고 고민하고 했어요. 괜히 비교되는 것 같아 조금만 노력해도 되는 것을 두 배로 더 노력했던 것 같아요."

C 대학 예비 유아 교사 김○○

출처: 차영숙, 강민정, 유희정(2011).

특히, 한 학급에 2명 이상의 실습생이 함께 배치되는 경우 지도 교사 및 영유아의 평가에 대한 경쟁, 업무 분담 및 협조 등에 대한 갈등이 더 크게 부각된다. 프로이트에 의하면 여성의 경우, 남근 선망으로부터 시작된 질투와 시기의 감정이 남성에 비해 더 강화되는 경향성이 있으므로, 여성의 질투심과 시기심을 긍정적으로 다루기 위해서는 상대에 대한 부러움을 솔직히 인정하는 태도가 필요하다. 시기심과 질투심은 상대에 대한 부정적 감정으로 관계를 악화시키지만, 부러움은 상대가 지니고 있는 능력을 인정하고 모델링하여 자신을 성장시킬 수 있는 원동력이 될 수 있기 때문이다(김형경, 2006; 이무석, 2008).

"같인 간 순영이가 있어서 정말 큰 힘이 되었어요. 둘이서 오다가다 만나면 정말 반가워서 손을 흔들고 눈짓을 하고……. 만들기를 할 때도 주말에는 우리 집에서 밤새서 같이 하고, 아이디어도 같이 짜고 그러니까 진짜 도움이 되었어요. 그래서 그나마 덜 힘들었던 것 같아요."

C 대학 예비 유아 교사 최○○

"○○ 대학 애들이 있었는데 먼저 와 있었기 때문에 마지막 주에는 한 반씩 돌아요. 우리 반에 들어오단 말이에요. 그게 정말 좋은 거예요. 같이 이야기할 사람이 있다는 게. 그래서 ○○ 대학 실습생이랑 진짜 많은 이야기를 했어요. 서로 많이 의지가 되었던 것 같아요. 그런데 일주일만 겹쳐서 그게 아쉬웠어요."

C 대학 예비 유아 교사 황○○

출처: 차영숙, 강민정, 유희정(2011).

고된 실습 기간 동안 서로에게 공감하고 위로나 격려를 나눌 수 있는 가장 좋은 대상은 동료 실습생이다. 실습에 대한 평가가 상대 평가나 경쟁을 요하는 상황이 아님을 인식하고 여러 자료나 정보를 함께 공유하며 서로의 감정에 대해 공감하고 격려하는 동반자로서의 관계를 유지하고자 하는 노력이 중요하다.

표 4-5
실습생과 동료 실습생의 관계 형성을 위한 노력

긍정적 관계를 위해 지양해야 할 태도	긍정적 관계를 위해 지향해야 할 태도
• 실습생에 대한 지도 교사나 영유아의 평가로 자신과 동료를 비교하는 태도	• 동료 실습생에 대한 긍정적 평가에 대해서는 동료의 노력을 솔직하게 인정하고 격려하고, 동료 실습생에 대한 부정적 평가에 대해서는 동료의 상심에 대해 함께 공감하고 위로하기
• 동료 실습생과 자신에게 주어진 업무 분량을 비교하고 정도의 차이에 대해 속으로만 고민하는 태도	• 업무를 동일하게 배분한다는 것은 불가능하다는 것을 인정하기. 자신의 업무가 더 많은 경우에는 솔직하게 도움을 요청하고, 동료의 업무가 더 많은 경우에는 가능한 범위에서 도움을 줄 수 있도록 노력하기
• 동료 실습생과 나눈 개인적인 이야기를 친밀한 관계를 형성한 지도 교사나 다른 친구에게 노출하는 태도	• 동료 실습생과 나눈 이야기는 실습생의 위치에서 나누는 이야기이므로 서로의 감정과 상황에 공감하고 격려하는 방식으로만 사용하기
• 동료 실습생의 불성실한 행동이나 부족한 점들에 대해 충고하는 태도	• 진심 어린 걱정이나 충고도 동일한 위치에 있는 동료 실습생에게는 민감하게 받아들여질 수 있으므로 충고보다는 동료 실습생의 마음에 공감하기
• 동료 실습생의 조언이나 걱정을 자신에 대한 비난이나 비판으로 듣는 태도	• 동료 실습생의 조언이나 걱정을 수용하려 노력하고, 불편한 경우에는 조언이나 걱정보다는 공감이나 격려가 더 필요하다고 솔직하게 의사소통하기

4 학부모와의 관계 형성

유아교육은 영유아에 대한 직접적 교수뿐 아니라, 영유아에게 가장 중요한 환경인 학부모와의 긴밀한 공조 또한 중요한 분야이다. 영유아 교사는 학부모와 다양한 방식으로 관계를 형성하고 의사소통하며 영유아의 발달을 도모한다. 그러나 실습생은 상대적으로 짧은 기간 동안 교실에 머물기 때문에 영유아의 발달 특성이나 성향에 대해 담임 교사만큼 세심하게 이해하기 어렵다. 따라서 실습생이 학부모와 맺는 관계는 한계가 있을 수밖에 없다. 등·하원지도 시 학부모와 마주치거나 상담을 위해 유아교육기관을 내방한 학부모들과 마주치게 될 때에는 예의 바르게 인사를 나누는 선에서 관계를 맺는 것이 적절하다. 학부모가 자녀를 비롯하여 특정 영유아에 대한 질문을 하거나 개인적 상담을 원하는 경우에는 영유아에 대한 긍정적인 인상평 정도만 나누고, 자세한 상담은 담임 교사와 나눌 수 있도록 안내하는 것이 바람직하다. 실습생은 한 달(유치원)이나 6주(어린이집) 정도의 짧은 실습 기간 동안 영유아를 관찰하므로 영유아의 심리사회적 발달 특성, 문제행동, 교사와의 관계 등에 대한 섣부른 판단이나 평가는 해당 영유아 및 담임 교사, 실습생 본인에게 모두 바람직하지 않아 학부모와 대면 시 주의해야 한다. 학부모가 궁금해 하는 사항에 대해서는 담임 교사에게 전달하여 담임 교사가 학부모가 직접 의사소통할 수 있도록 매개하는 것이 중요하다.

❺ 바람직한 관계 형성을 위한 실습생의 역할

현장실습은 예비 유아 교사가 이론으로 학습한 것을 실제에 적용하며 교사로 성장하는 과정이기도 하지만, 학생에서 사회인으로 삶의 장을 바꾸는 첫 사회생활이기도 하다. 물론 많은 학생들이 아르바이트를 통한 사회 경험을 가지고 있지만 아르바이트가 학교나 가정의 보호를 받는 청소년 시절의 일시적이고 단편적인 사회생활이었다면, 전문인으로서의 직업을 갖는 것은 좀 더 장기적이고 복합적인 책임을 요하는 성인의 사회생활이라 볼 수 있다. 많은 학생들이 아르바이트를 통해 사회를 경험했음에도 실습을 통해 경험하는 사회생활을 좀 더 어렵고 무겁게 느끼는 이유가 여기에 있다. 현장실습 및 초임 교사의 어려움은 비단 유아교육 분야의 고유한 상황이 아니라 대부분의 분야에서 첫 사회생활의 공통된 어려움이라 볼 수 있다.

다시 말하면, 사회생활의 첫 시작이라는 점에서 가정과 학교의 울타리를 벗어나 자신의 모든 행동에 책임을 져야 하는 성인으로서의 첫걸음이 유아 교사에게는 현장실습인 셈이다. 이러한 점에서 현장실습은 유아교육 분야에서 사회생활의 통과 의례라고 볼 수 있으며, 익숙하지 않은 어려움과 마주쳤을 때 회피하기보다는 성인 세계의 입문으로 이해하고 담담히 한 걸음씩 걸어 내어 마지막 걸음까지 완주하는 것이 중요하다.

실습생은 현장 교사의 관점에서 잘한다는 평가를 받기 어렵다. 익숙하게 현장을 컨트롤하는 경험을 지닌 교사의 눈에 실습생은 여전히 배움의 과정에 있는 학생인 셈이다. 잘하는 것도 중요하지만 지각이나 결석 없이 성실하게 현장실습을 하루하루 진행해 나가고, 큰 어려움은 선배들이나 실습지도 교사, 혹은 지도 교수와의 상담을 통해 하나씩 해결해 내는 경험이 실습생을 성장시킬 수 있다.

"실습 기간 중에 담임 선생님은 칭찬보다는 꾸짖는 말씀을 많이 하셨다. 처음에는 그런 선생님이 너무 원망스럽고 밉게만 느껴졌다. 내가 얼마나 노력하고, 고생하며 준비한 건데……. 눈물이 핑 돌았다. 그런데 선생님께 지적받은 것을 고쳐 가면서 점점 수업 중에 나의 실수가 줄어드는 것을 느낄 수 있었다. 그러면서 선생님이 내가 좋은 교사가 되게 하기 위해 꾸짖는 것이라고 생각을 하게 되었고, 그렇게 생각을 하니 선생님에 대한 원망도 점점 줄어들게 되었다."

B 대학 예비 유아 교사 박○○

출처: 이진화, 유준호(2009).

"한 달 동안의 실습을 하며 힘들고 두려운 점도 많았지만 돌이켜 생각해 보면 나의 부족으로 인해 좀 더 알찬 실습이 되지 못한 것 같아 너무 아쉽다. 특히 실습을 끝내면서 선생님과 상담을 하면서 나의 부족했던 점을 다시 한 번 알 수 있었고 아직도 배울 것이 많은데 실습이 끝났다는 것이 너무 아쉬웠다. 나의 실습을 거울 삼아 후배들에게 실습을 가기 전에 준비해야 할 것들, 마음가짐에 대해 이야기해 주어야겠다."

B 대학 예비 유아 교사 최○○

"아이들의 사랑으로 너무 행복하게 실습 기간을 보냈기 때문에 아이들과 마지막 인사를 하는데 눈물이 왈칵 쏟아졌다. 이 눈물은 아이들과 헤어져서 나오는 슬픈 눈물이기도 하면서 또 행복한 눈물이기도 하였다. 그렇게 울면서 어떻게 인사를 했는지도 모르게 아이들에게 고맙다는 인사를 하고는 아이들이 귀가할 때 한 명 한 명 안아 주며 인사를 했다. 이런 아이들이 아니었다면 참 힘들기만 했을 텐데 아이들 덕분에 정말 행복하게 실습을 끝낼 수 있었다."

J 대학 예비 유아 교사 홍○○

출처: 안지영(2015).

CHAPTER

05

현장실습의 평가

현장실습 평가 | 실습생에 대한 평가 | 실습 기관 및 대학의 실습 운영에 대한 평가

CHAPTER 05

현장실습의 평가

모든 활동은 활동 자체만큼 활동을 완료한 후의 평가 또한 중요하다. 평가는 활동을 자기만의 주관적 시선에서 타인의 객관적 분석을 통해 자신을 새롭고 낯선 시선으로 바라보는 과정이다. 현장실습의 평가는 실습의 전 과정에서 이루어진 교사로서의 자신의 신념, 철학, 계획, 활동 등을 객관적으로 분석하는 과정이므로 평가 결과를 적극적으로 수용하고 활용하여 더 나은 교사의 모습을 만들어 가는 것이 중요하다.

평가는 모든 활동의 끝이자 시작이다. 일반적으로 평가를 실습의 마지막 단계로 생각하지만 사실상 실습의 목적과 목표 설정, 실습의 계획과 운영 등 실습의 각 단계마다 평가 활동은 지속적으로 이루어진다(한국보육진흥원, 2013). 따라서 현장실습 평가는 예비 유아 교사로서 학교에서 배운 이론을 현장에 적용하며 매 활동마다 이루어지는 과정이며, 이를 바탕으로 이론과 현장을 어떻게 접목시켜야 하는가를 실제적으로 고민하는 시간이다. 따라서 현장실습에 대한 평가는 여러 활동의 마무리이면서도 새로운 교육 활동을 준비하는 시작이기도 하다. 예비 유아 교사는 다양한 평가를 통해 긍정적인 점은 유지하고 부정적인 점은 수정하고 보완하며 교사로서의 출발을 준비해 가는 자세가 필요하다. 실습 기관 역시 기관에 대한 평가를 외부자의 시선에서 기관을 객관적으로 바라보는 기회로 삼

표 5-1
실습 평가에 대한 역할 분담 및 준비 사항

구분	내용	서류 준비물
실습생	• 성실한 실습 태도 • 교사 직무 이해 • 계획안과 실습일지 작성과 수행 • 질적 상호 작용 실습 • 교재 · 교구 제작 • 환경 구성	• 실습일지 • 일일/반일 활동 계획안 • 교재 · 교구 제작서 • 실습 자기 평가표
지도 교사	• 실습생 태도 관찰 • 실습 단계별 지도 • 실습 계획안 수정 • 실습생 활동 평가 • 실습 결과 보고서 작성	• 실습일지 • 출근부 • 활동 계획안 • 실습 평가서
기관장	• 실습 방향 제시 • 실습 과정 관리 • 지도 교사와 실습생 심리적 · 행정적 지원 • 일지 작성 점검 • 실습 전체 평가	• 실습일지 • 출근부 • 실습 확인서 • 실습 평가서
교수 및 양성 교육기관	• 실습 기관과의 유기적 협조 • 실습 기관 공문 제출 • 실습 서류 목록 제공 • 실습일지 양식 개발 • 실습 평가 회의 개최 및 주도 • 실습 기관 방문 • 실습 기관 원장과의 협의 • 실습 기관 방문 결과 보고서 작성	• 실습일지 양식 • 실습 요청 공문 • 실습 평가서 • 실습 기관 방문 계획서 • 실습 기관 방문 결과 보고서

출처: 한국보육진흥원(2013).

고 부족한 점을 보완하는 과정으로 활용할 수 있다.

한국보육진흥원(2013)은 실습 평가와 관련한 관계자들을 실습생, 지도 교사, 기관장, 교수 및 양성 교육기관으로 나누고, 각 주체들의 역할을 표 5-1과 같이 정리하였다.

❶ 현장실습 평가

현장실습 평가는 실습의 목표, 내용, 방법 및 과정을 객관적이고 과학적으로 점검하는 과정이다. 평가는 대학의 지도 교수나 기관의 지도 교사에게는 다음의 실습을 보다 효율적으로 수행할 수 있는 개선 방향의 탐색을 가능하게 하고, 실습생에게는 자기 이해나 성취 정도의 파악을 통해 교사로서의 성장 및 개인별 진로 설정에 도움을 준다. 이처럼 평가는 실습 관계자 모두에게 반성적 사고의 기회를 제공하고 개선 및 발전 방향의 근거를 제공한다는 점에서 중요하다.

현장실습 평가의 목적 및 목표는 유치원 실습과 어린이집 실습이 크게 다르지 않지만, 평가 내용에서는 약간의 차이를 갖는다. 유치원과 어린이집 모두 큰 틀에서는 실습생의 근무 태도 및 자질, 실습 활동에 대한 계획·실행·평가 및 영유아 관찰 등의 학습지도 능력을 공통적으로 강조한다. 그러나 유치원 실습 평가는 각 대학별로 평가 항목과 배점을 자율적으로 구성하여 진행하고, 어린이집 실습 평가는 한국보육진흥원에서 제시한 지침을 기반으로 진행된다. 영아보육을 포함하는 어린이집 실습과 만 3세 이상 교육으로 구성된 유치원 실습은 실상 보육과 교육이 공통으로 이루어지지만 영유아의 연령별 발달 특성에 따라 보육과 교육 중 강조점이 다르기 때문이다. 유치원 및 어린이집 평가는 이러한 특성에 따라 미세하게 차이가 있으나 교사로서의 자질과 역량을 공통적으로 강조하고 있다는 점에서 각 기관에서의 평가는 분리된 내용이라기보다는 용어를 달리하지만 같은 맥락의 평가로 볼 수 있다.

1) 현장실습 평가의 목적 및 목표

한국보육진흥원의 실습지도 방안에 따르면 실습 평가는 다음과 같은 목적과 목표를 갖는다(한국보육진흥원, 2013).

(1) 실습 평가의 목적

- 이론과 실습을 겸비하여 영유아에 대한 심화된 이해를 돕는다.
- 실습의 진행 정도를 파악하여 실습의 질을 진단한다.
- 실습생의 역량을 강화하여 전문성을 확보한다.
- 예비 유아 교사의 발달과정을 이해하여 반성적 사고를 촉진한다.
- 유아 교사의 역할 수행에 대한 긍정적 태도를 기른다.

(2) 실습 평가의 목표

- 실습의 목표 달성 여부를 확인한다.
- 실습생의 실습 성취도를 구체화한다.
- 실습생에게 교사로서의 향후 진로에 도움을 준다.
- 실습생에게 교사로서의 역량 여부에 대한 자기 이해를 돕는다.
- 실습 결과를 확인하여 실무 능력의 보완점을 파악한다.
- 실습지도 교사의 지도력과 관계 형성 능력을 증진한다.

2) 현장실습 평가의 영역과 내용

현장실습 평가는 유치원과 어린이집 실습 평가 내용에 약간의 차이가 있다. 유치원 실습은 일반적으로 실습생의 근무 태도, 자질, 학습지도 능력, 연구 조사 활동, 학급 경영 및 사무 처리 능력으로 나누어 평가를 한다. 이 중 학습지도 능력 항목 배점은 보통 50점으로 평가의 반 이상을 차지하며 강조된다. 어린이집 실습은 실습생의 근무 태도와 자질, 보육 활동 계획과 실행, 예비 보육 교사로서의 역할 수행, 보육실습일지 작성, 담당 교사의 총평으로 나누어 평가를 한다. 이 중 보육 활동 계획과 실행 항목의 배점이 30점, 예비 보육 교사로서의 역할 수행 항목 배점이 30점으로 전체의 60%를 차지하며 강조되고 있는 것을 알 수 있다. 구체적 내용은 표 5-2와 같다.

표 5-2
유치원 교육실습생 활동 평가 내용 및 배점 구성

평가 영역	배점	세부 배점	평가 내용
근무 태도	10	10	근무 사항(출퇴근 시간, 결근, 지각, 조퇴, 외출 등)
자질	15	7	개인적 자질(유아에 대한 신뢰와 애정, 창의력, 교직원과의 관계, 자기 발전을 위한 노력, 언행 및 용모 등 교사의 품위, 신체 및 정서의 안정)
		8	전문적 자질(유아교육과정에 대한 지식, 지식의 적용, 적극성, 상호 작용 능력)
학습지도 능력	50	15	계획(교육 계획안 작성, 교재 · 교구 연구 및 준비)
		25	실행(자신감, 도입-전개-결말의 순조로운 진행, 언어적 상호 작용, 학습 자료의 적절성, 교육일지 작성)
		10	평가(자신의 수업에 대한 반성적 평가, 평가 결과의 재적용)
연구 조사 활동	15	15	연구 태도 및 연구 능력(원장 및 지도 교사의 지도에 대한 수용, 자질 향상을 위한 노력, 유아 관찰 능력, 수업의 질 향상을 위한 노력)
학급 경영 및 사무 처리 능력	10	10	학급 운영에 대한 보조, 교실 환경 청결, 효과적 환경 구성, 문서 관리
총 실습 점수	100		

출처: A 대학교 유아교육과.

표 5-3
어린이집 보육실습생 활동 평가 내용 및 배점 구성

평가 영역	배점	세부 배점	평가 내용
근무 태도와 자질	20	5	근무 사항(출석, 결석, 지각, 조퇴 등)
		5	태도(성실성, 근면성, 친절, 적극성, 복장 및 용모, 예절)
		5	자질(영유아 존중, 책임감, 인성, 열의)
		5	관계 형성(실습지도 교사와의 관계, 동료 실습생과의 관계)
보육 활동 계획과 실행	30	15	보육 활동 계획(영역별, 반일 또는 일일 보육 활동 계획의 적합성과 충실한 준비)
		15	보육 활동 실행(영역별, 반일 또는 일일 보육 활동의 효과적이고 적절한 실행 정도)
예비 보육 교사로서의 역할 수행	30	5	영유아 행동 및 놀이 관찰, 보육 환경 관찰
		10	보육 일과 진행 및 보조 및 일상생활지도

		15	영유아 상호 작용과 놀이 참여
보육실습일지 작성	10	10	구체적이고 충실한 보육일지 작성과 일일 자기 평가 및 지도 교사 평가 반영
총평	10	10	실습 기간 동안 예비 보육 교사로서 향상된 정도
총 실습 점수	100		

출처: 한국보육진흥원(2013).

❷ 실습생에 대한 평가

실습생에 대한 평가는 실습생의 장단점을 객관적으로 파악하여 교사로서의 성장을 도모하는 데 도움을 준다. 실습생 평가는 실습생이 실습을 진행한 학급의 담임 교사 및 실습을 참관한 현장의 기관장으로부터 받을 수 있고, 실습생의 교수학습에 대한 영유아의 반응을 통해서도 실습생의 교수 역량을 평가할 수 있다. 외부로부터 받는 피드백도 중요하지만, 자신에 대한 자기 평가의 과정도 함께 선행되는 것이 필요하다. 실습이 마무리된 후, 대학에서 이루어지는 평가는 특히 실습생의 자기 평가를 바탕으로 이루어진다. 실습생에 대한 평가의 구체적 목적은 다음과 같다.

- 자신의 교수학습 역량에 대한 객관적 피드백을 받을 수 있다.
- 영유아발달에 대한 이해 및 이를 바탕으로 한 영유아지도에 대한 객관적 피드백을 받을 수 있다.
- 자신의 언행이 교사 역할을 수행하는 데 적절한지 피드백 받을 수 있다.
- 향후 교사로서의 역할이나 역량에 대한 반성적 평가를 하는 데 도움이 될 수 있다.
- 유아 교사에 대한 자신의 적성 및 능력을 객관적으로 파악할 수 있다.

1) 실습생 자기 평가

현장실습의 공식적 평가는 지도 교수 및 지도 교사를 비롯한 유아교육기관의 평가에 의해 점수화된다. 그러나 실습에 대한 평가는 실습생 본인의 반성적 사고를 통해 이루어지는 것이 무엇보다 중요하다. 자신이 스스로 하는 반성적 사고야말로 자신의 변화를 위한 가장 기본적인 초석이 되기 때문이다. 평가를 위한 영역은 크게 성격이나 성향과 같은 개인적 특성, 성실성 및 직업 윤리와 같은 직업인으로서의 전문적 태도, 영유아에 대한 교육적 관점을 반영한 영유아지도, 실제적으로 수업을 진행하고 교실을 운영하는 교수 능력으로 나눌 수 있다.

CASE 부분 수업 및 전일 수업에 대한 실습생 자기 평가

실행 후 평가	PPT 자료에 애니메이션이나 음향 같은 것을 틈틈이 넣었더니 신기하게도 유아들이 관심을 가지고 잘 집중했던 것 같다. 매력적인 시청각 자료가 중요하다는 것을 다시 한 번 느꼈다. 수업할 때 아이들을 더 유심히 둘러본다거나 위험 요소에 대해 더 경각심을 가져야겠다고 생각했다. 수업을 준비할 때 내용이 무척 어려워서 걱정했었는데 걱정과 달리 유아들이 자신의 생각들을 잘 이야기해 줘서 정말 신기했다.
실습생 소감	전일 수업을 하는 아침에 수업을 3개나 해야 한다는 부담감도 컸고 내가 유아들을 잘 챙길 수 있을까 하는 생각에 걱정도 많았지만 선생님께서 많이 도와주시고 유아들도 잘 따라와 주어서 한 명도 다치지 않고 무사히 끝난 하루여서 다행이라고 생각한다. "오늘은 학교 선생님께서 선생님이세요"라는 말을 담임 선생님께서 해주시니 유아들이 바로 이해를 하고 알림장이나 놀이 계획한 것을 검사 받으러 올 때 정말 오늘 하루는 열매 2반 담임이 된 것 같은 느낌이 들었었다.

CASE 체크리스트를 통한 실습생 자기 평가

연구 수업 자기 평가

일시	2017년 10월 25일 수요일		
주제	세계를 빛낸 위인들 II	활동명	베토벤의 업적
학급명	별님반	대상 연령	만 5세

항목		분석 내용	평점 1	평점 2	평점 3	평점 4	평점 5	비고
준비		선정한 주제가 교육적 효과가 있고 유아들에게 흥미를 주기에 적합하다.			V			
		활동 목표가 분명하고 적합하다.					V	
		활동량이 적당하다.		V				
		활동 계획안이 잘 작성되었다.					V	
		교수학습 자료 및 준비물이 잘 준비되었다.			V			
진행	교사	활동 분위기 조성 및 동기 유발이 잘 되었다.					V	
		학습 형태가 활동 주제에 적합하다.					V	
		유아들의 수준을 잘 고려하여 진행한다.					V	
		교재 · 교구의 활용이 적절하다.				V		
		복장, 태도 및 언어의 사용이 적절하다.					V	
	유아	유아들이 활동에 대한 흥미와 의욕이 높다.					V	
		유아들이 활동에 적극적으로 참여한다.					V	
		유아들이 즐겁게 활동하고 있다.					V	
		친구들과 협동이 잘 이루어진다.			V			
	환경	주제에 알맞게 실내 · 외 환경 구성이 적합하다.					V	
		교재 · 교구가 적절하게 잘 배치되었다.					V	
결과		활동의 평가가 잘 이루어졌다.					V	
		활동 목표가 제대로 이루어졌다.					V	
평가 및 소감		많이 부족했던 수업임에도 불구하고 유아들이 활동에 잘 참여해 주어서 고마웠다. 준비해 온 자료가 망가진다거나 그 외에도 수업 도중에 일어날 수 있는 여러 가지 돌발 상황에 대해 능숙하게 대처할 수 있도록 연습을 많이 해야겠다는 생각이 들었다. 선생님께서 말씀하신 대로 이야기를 나누기 전에 먼저 유아들과 지킬 수 있는 약속을 정하고 시작했더라면 아이들과 더 많은 교감을 나눌 수 있었						

항목	분석 내용	평점					비고
		1	2	3	4	5	
	을 것 같다는 생각이 들었다. 긴장을 많이 해서 수업을 허겁지겁 끝내 버린 건 아닌가 하는 생각도 들었다. 조금 더 마음의 여유를 가지고 유아들과 즐거운 마음으로 수업할 수 있도록 해야겠다는 생각이 들었다.						

CASE 현장실습 전반에 대한 실습생 자기 기술 평가

보육실습생 자기 평가

기록일: 2017. 9. 8　　기록자: 박○○

1) 실습을 통해 배운 점과 느낀 점에 대해 쓰시오.

실습 동안 유아들의 놀이가 진행될 때, 교사의 역할과 발문 방법에 대해 가장 많이 배우고 알게 되었다. 실습을 나가기 전까지 학교에서 이론적으로 '유아 중심적 사고'를 지닌 교사가 되어야 한다는 것을 학습했음에도 불구하고 막상 실습에 나가서 유아들과 상호 작용을 해보니 유아 중심적으로 사고하는 것이 얼마나 어려운 것인지에 대해 알게 되었다. 그런 것들을 깨닫고 나서 유아들이 흥미를 가질 수 있을 만한 활동을 생각해 내기도 하고 유아들의 놀이가 확장될 수 있는 다양한 발문들을 해내면서 유아 교사로서 한층 성장해 나아가는 것을 느꼈다.

2) 실습하면서 학교에 남기고 싶은 말을 쓰시오.

첫 보육실습 기관을 레제지오 에밀리아 프로그램을 진행하는 곳에 가게 되어서 많이 당황스러웠고 처음에 적응하기가 힘들었다. 하지만 돌이켜 생각해 보면 그 속에서 정말 많은 것들을 배울 수 있었던 것 같아서 레지오 에밀리아 시범 학교인 ○○○ 어린이집에 갈 수 있게 해준 학교에 정말 감사드리고 그 자체가 큰 행운이었다고 생각한다. 또한, 학교에서 배운 것들을 실제 현장에서 적용해 나가다 보니 6주 동안의 실습이 정말 값졌고 많은 것들을 배울 수 있는 시간이었던 것 같다.

※ 실습이 끝난 후 학교에 돌아와 실습 평가회 때 작성합니다.

학교 현장실습생 자기 평가

기록일: 17.11.22　　기록자: 김○○

1) 실습을 통해 배운 점과 느낀 점에 대해 쓰시오.

어린이집과는 다른 유치원 생활이 처음에는 적응하기 힘들었지만 좋은 선생님과 아이들을 만나 유치원 실습을 무사히 마칠 수 있었다. 수업 준비를 통해 교재·교구를 다루는 법과 수업에 대한 스킬을 배울 수 있었다. 어린이집과 유치원 2번의 실습을 통해 빨리 졸업을 해서 취업을 하고 내 반 아이들을 맡고 싶다는 생각이 계속 들었다.

2) 실습하면서 학교에 남기고 싶은 말을 쓰시오.

좋은 유치원을 배정받아 실습을 하면서 많은 도움이 되어서 좋았다. 실습을 통해 교사로서의 모습에 한 발짝 더 다가가고 성장해 갈 수 있었기에 좋은 기회였다라고 생각한다.

※ 실습이 끝난 후 학교에 돌아와 실습 평가회 때 작성합니다.

표 5-4에 제시한 실습생 평정 척도는 실습생으로서 필요한 기본 역량 및 능력에 대한 내용이므로 실습 준비 및 평가를 위한 자가 척도로 활용할 수 있다. 실습생 자기 평가는 표 5-4와 같은 체크리스트뿐만 아니라, 실습일지 안에 있는 소감문 작성, 실습 종료 후 소감 작성, 반성적 저널 등의 활동을 통해 이루어질 수 있다. 실습생의 교수 역량을 증진시키기 위한 평가는 예비 유아 교사에 대한 지도 교사, 지도 교수 등 여러 선배 교사들의 선의로부터 시작된다는 것을 믿고, 평가를 자신에 대한 비판이 아닌 예비 교사, 후배 교사에 대한 비평으로 받아들여 교사로서의 자신을 보완해 나가려는 열린 자세가 필요하다.

표 5-4
실습생 평정 척도

영역	항목	그렇지 않다	보통이다	그렇다
개인적 특성	지나친 피로나 잦은 질병 없이 건강한 편이다.			
	특정 대상에 대한 편견이나 편애의 정도가 낮다.			
	지나치게 짧거나 노출이 많아 행동에 제약을 받는 옷차림 대신 활동에 편안하면서도 예의를 갖춘 옷차림이다.			
	교육실습 동안 지각이나 결근 없이 성실히 출퇴근한다.			
	마감 전에 주어진 업무를 수행한다.			
	업무 수행 시 융통성을 발휘할 수 있다.			
	어렵고 힘든 상황에서도 맡은 일은 중간 포기 없이 끝까지 마무리한다.			
	긍정적인 태도로 임한다.			
전문적 태도	실습 기관의 규정 및 규칙을 인식하고 준수한다.			
	적절한 업무 절차에 따라 업무를 수행한다.			
	실습생으로서의 윤리적 태도를 견지한다.			
	아기 말투나 아기 목소리 대신 성인 여성, 전문 여성으로서의 목소리와 어투를 사용한다.			
영유아 지도	영유아의 연령에 따른 행동 특성을 이해하고 반응한다.			
	영유아의 요구에 민감하게 반응한다.			
	영유아의 행동이나 성격적 특성을 편견이나 편애의 근거가 아닌, 교육적 관점 안에서 이해하고 수용한다.			
	영유아의 긍정적 사회 관계 형성을 도모한다.			
	영유아의 감정에 공감하면서도 권위를 지닌 교사로서 행동한다.			
성인 관계	실습 기관 및 지도 교사에 대한 긍정적인 태도를 갖는다.			
	원장, 원감, 지도 교사의 지도, 조언, 평가를 수용한다.			
	지도 교사와 다른 교사를 존중하고 협력한다.			
	아이디어나 계획을 다른 교사와 공유한다.			
	교육 계획 시 영유아의 발달을 고려한다.			

영역	항목	그렇지 않다	보통이다	그렇다
교수 능력	일과의 균형을 고려하여 활동을 조직하고 계획한다.			
	활동할 때 명확한 목표를 설정한다.			
	적절한 동기 유발을 통해 교육 활동을 진행한다.			
	필요한 자료를 찾고, 자료를 매력적으로 구성한다.			
	영유아의 개인차를 고려한다.			
	교육 활동 및 영유아에 대한 적절한 평가를 한다.			

2) 지도 교사 및 기관의 평가

지도 교사의 평가는 가장 가까운 공간에서 실습생과 가장 오랜 시간을 함께한 선배 교사의 평가라는 점에서 중요하다. 지도 교사는 실습생을 체계적으로 평가하기 위해 실습이 이루어지는 모든 공간과 과정에서 공식적, 비공식적 평가를 진행한다. 실습생이 교실에서 영유아와 상호 작용하는 방법이나 태도, 교사로서의 일상적 언어 사용 습관 및 생활 태도, 단위 활동에 대한 교수 행위 및 일지 작성 등에 대한 간단한 구술 평가에서부터 소감이나 조언 등을 기술하는 서면 평가에 이르기까지 실습의 전 영역에서 지도 교사의 평가가 진행된다.

CASE 수업 관찰 기록에 대한 지도 교사 평가

실습생 평가	나무의 사진들을 보면서 이야기를 나눌 때 나무의 종류가 다양하여 유아들이 이해하기 쉽지 않을 것 같다고 생각했지만 이야기를 나눠 보면서 다양한 유아들의 생각을 들을 수 있었던 시간이었다. 나무의 종류가 너무 많아서 쉽게 이해할 수 있을까 고민도 많이 하고 지루하지 않도록 어떻게 유아들에게 어떤 질문을 해주면 좋을까 생각했는데 이야기를 나눠 보니 계획안처럼 이루어지지 않은 부분들도 많지만 유아들의 이야기를 최대한 많이 들어주려고 했던 것 같다. 나무의 사진 말고도 꽃이나 잎의 사진을 더 보여 줬으면 좋았겠다는 생각이 든 수업이어서 아쉬웠다.

지도 교사 조언 및 평가	이야기나누기를 서로 상호 작용하면서 나누면 좋겠지만 진행하다 보면 교사가 끌고 나가는 수업이 되기 쉬워요. 그래도 아이들의 목소리에 귀 기울여 주는 모습 보기 좋았어요. 수업을 많은 것은 간략하게, 적은 것은 세밀하게 어떻게 끌고 나갈지 생각하고 계획하면 더 좋을 거예요.

실습생 평가	오늘은 은중이의 생일 파티가 있었다. 생일 카드, 전지 편지, 환경 구성 등 생일 파티 전부터 생일 파티에 전반적으로 필요한 과정에 대해 세밀하게 배울 수 있어서 좋았다. 아이들이 친구들과 함께 친구의 생일을 준비하고 축하해 주는 과정이 결코 사소하고 작은 일이 아니라 이를 통해서 아이들이 사회관계에 대해 생각해 보고 배울 수 있는 귀한 시간인 것 같다는 생각이 들었다. 내일은 기차 여행이 있는 날이다. 선생님께서 아이들과 사전 활동하는 모습을 볼 수 있었다. 학교에서도 배웠지만 사전 활동이 견학에 있어 정말 중요한 과정인 것을 현장을 통해 또 한 번 배울 수 있는 시간이었다. 아이들에게 좋은 추억이 되었으면 좋겠고, 나에게도 좋은 경험이 되었으면 좋겠다.
지도 교사 조언 및 평가	생일 파티를 할 때 유아들이 친구를 위해 물질적인 선물말고도 '노래 불러 주기', '춤 보여 주기' 등 다양한 선물을 줄 수 있어요. 그런데 저희 시간 관계상 어려웠던 것 같아요. 현장에 가시면 그렇게도 해보세요. 견학을 하기 전에 사전 활동을 하면 더 많이 배울 수 있어요. 아이들이 견학에 대한 기대도 커지고 사전 활동이 정말 중요하답니다. 수고하셨어요!

CASE 부분 수업 및 전일 수업에 대한 지도 교사 평가

실습생 소감 및 자기 평가	월요일은 아이들도 힘이 드는 날인 것 같다. 평소보다 집중하기 힘들어 하고 더 정신없는 하루인 것 같다. 아름다운 인터넷 세상이라는 어려운 주제로 이야기를 나누는 것은 정말 힘들었다. 아이들이 이제 어느 정도 인터넷에 대한 것들은 알고 있어서 대답은 잘 해주었지만 집중이 잘되지 않아서 힘들었던 것 같다. 그래도 미술 활동은 아이들이 아름다운 인터넷 세상에 대해 생각했던 것보다 훨씬 더 잘 그려준 것 같다. 내가 생각하지 못한 그림들을 많이 그려 주는 걸 보면서 역시나 아이들의 상상력은 풍부하다는 생각이 들었다. 아이들이 반짝이풀을 사용하는 것에 대해 걱정이 되긴 했지만 잘 사용해 주어서 다행인 것 같고 반짝이풀을 사용해서 그림을 그리니까 그림이 더 예뻐 보인 것 같다. 내일은 할로윈 파티를 하는 날인데 아이들이 어떤 모습으로 올지 기대가 된다.
	주말을 지내고 온 아이들의 월요일은 더 들뜬 하루일 것 같습니다. 그래서 집중하

지도 교사 조언	는 데 어려움을 더 느끼기도 하고요. 그래서 수업 전 교사에게 집중을 할 수 있도록 교사의 역할이 더 중요하답니다. 도입 부분에서 집중을 못 한다면 수업을 진행함에 있어서 어려움이 있기 때문이죠. 더 명확한 교사의 지도와 진행 방법은 현장에서도 중요하기 때문에 사전에 많은 연습이 도움이 되리라 생각합니다.

평가는 지도 교사의 성격에 따라 실습생에게 격려나 위로의 느낌을 주기도 하고, 날카로운 비평의 느낌을 주기도 한다. 또한 지도 교사가 보여주는 역량에 따라 지도 교사의 평가가 실습생에게 주는 권위의 정도 또한 다를 수 있다. 그러나 지도 교사의 평가는 현장을 경험한 선배 교사로서의 전문성과 지혜를 포함하고 있다는 점에서 실습생의 역량을 발달시키는 데 도움이 된다. 평가는 한 인간 개인으로서 자신에 대한 비판이 아니라, 교사로서의 태도나 역량에 대한 선배 교사의 전문적 의견이라는 점을 인지하는 태도는 그래서 중요하다. 지도 교사의 평가에 대해 숙고하고 적극적으로 평가를 수용하기 위해서는 지도 교사의 평가에 쉽게 동의되지 않는 경우라도 지적받은 부분에 대해 객관적으로 사고해 보려는 노력이 필요하다.

기관 평가는 기관의 문화에 따라 차이가 있지만, 보통 실습 기간 마지막 주 중 며칠을 정해 원장 및 원감, 각 연령 주임 교사들의 입회하에 실습생의 교수활동을 평가하는 것을 의미한다. 실습생은 하나의 단위 활동, 혹은 하루의 일과 운영에 대한 교수활동을 미리 계획하고 지도 교사와의 사전 조율을 통해 완성된 수업을 진행한다. 계획안 작성의 적절성, 연령 및 반 특성을 반영하는 활동 내용의 적절성, 활동을 이끄는 교수학습의 적절성, 돌발적 상황에 대한 대처 능력 등 교사로서 실습생의 전반적 역량을 평가하게 된다.

실습생에 대한 평가는 위에서 제시한 실습생 평정 척도 등의 내용을 기반으로 지도 교사 및 기관의 논의에 따라 최종적으로 평가하여 실습 결

표 5-5
유치원
실습 결과 보고서의 예

학교 현장실습 결과 보고서(이수 증명서)

1. 실습 유치원명:

2. 실습 기간: 년 월 일 ~ 년 월 일(주간)

3. 지도 교사

직명	성명	담당 내용	비고

4. 실습 내용

제1주	제2주	제3주	제4주

5. 실습 상황

학교명 및 학과명	실습생 성명	근무 태도 (10%)	자질 (15%)	학습지도 능력 (50%)	연구 조사 활동 (15%)	학급 경영 및 사무 처리 능력 (10%)	총 평 (100%)	비고

위 사실을 증명함.

년 월 일

__________ 유치원장 직인

표 5-6
어린이집
실습 결과 보고서의 예

보육실습 결과 보고서

1. 실습 기관:

2. 실습 기간: 2017년 월 일 ~ 2018년 월 일(6주간)

3. 지도 교사

직명	성명	담당 내용	비고

4. 실습 내용

제1주	제2주	제3주	제4주

5. 실습 상황

실습생 성명	학과명	근무 태도와 자질 (20%)	보육 활동 계획과 실행 (30%)	예비 보육 교사 역할 수행 (30%)	보육실습일지 작성 (10%)	총평 (10%)	총점	비고

위 사실을 증명함.

년 월 일

______________ 어린이집 원장 (직인)

과 보고서를 작성한다. 실습 결과 보고서는 실습 완료 후 실습생의 소속 대학에 송부된다.

3) 대학에서의 평가

대학에서의 평가는 4주간의 현장실습을 마친 후 대학의 학과에서 지도 교수와 실습생이 모두 참여하여 함께 진행하는 평가를 의미한다. 이러한 평가는 평가회, 좌담회 및 팀별 발표회 등의 형식으로 진행된다. 학과에서의 평가는 현장실습 기관의 시설 및 프로그램, 현장실습지도 교사와의 인간관계, 현장실습 시 어려웠던 점, 현장실습 전후로 변화된 점, 실습과 관련하여 대학 및 학과에 대한 건의 사항 등에 대한 평가로 이루어진다. 대학에서는 실습생에 대해 실습 기관에서 평가한 현장실습 결과 보고서와 지도 교수의 현장실습 기관 방문을 통해 파악한 기관 상황, 그리고 실습생이 제출한 현장실습일지, 교육 활동 계획안, 교구 제작 계획서 등과 같은 각종 기록물과 과제 수행 자료를 근거하여 실습에 대한 최종적인 평가

CASE 실습 평가회 계획안의 예

지도 교수	○○○	관련 교과목	○○
일시	○○○○.○○.○○.	장소	○○관 117호
참가 대상	○○과 3학년	참가 인원	○○명
강의 주제	실습 평가회		
목표	실습 평가회를 통해 성장의 경험을 나눌 수 있고, 각 경험을 통해 보육 교사의 전문성에 대해 생각해 보며, 예비 교사들이 자신감을 높일 수 있도록 돕는다.		
내용	• 각 기관별 PPT 자료를 통해 다녀온 실습지를 소개한다. • 실습에 대한 경험 나누기 및 공감대 형성하기 각 어린이집 별로 실습에 대한 경험을 나누며 실습을 통해 배운 점, 부족한 점, 어려웠던 내용에 대해 이야기를 나누고 교수님들의 격려와 유아 교사 역할에 대한 조언을 듣는다. • 질의 응답 시간		

CASE	실습 평가회 결과 보고서의 예		
강사명	○○○	관련 교과목	○○
일시	○○○○.○○.○○.	장소	○○관 117호
참가 대상	○○과 3학년	참가 인원	○○명
강의 주제	실습 평가회		
내용	• 실습 종료 후 실습 소감 기록 • 실습일지상의 소감 작성 및 자기 평가 실습을 마친 후 대학에서는 지도 교수와 실습생이 모두 참여하여 실습 기관의 시설 및 프로그램, 실습지도 교사와의 인간관계, 실습 시 어려웠던 점, 실습 전후로 변화된 점, 실습 관련하여 대학에 대한 건의 사항 등에 대한 실습 평가회를 가졌다. 평가회를 통해 실습에 대한 구체적이고 실질적인 문제점을 찾아 개선 방안을 모색하도록 하였으며, 영유아들을 직접 지도한 활동 결과를 평가함으로써 실습에 대한 구체적이고 실질적인 문제점을 찾아 개선 방안을 모색하였다.		

를 한다.

이러한 평가는 실습생의 실습에 대한 평가뿐 아니라 추후, 후배 교사들의 실습지도, 실습 기관 선정, 실습 기관 지도 교수 방문, 실습 기관과 대학의 사전 협의 사항 등에 반영되어 후배 실습생들의 교수 역량 강화를 위한 목적으로 사용된다.

CASE 보육실습 평가회를 위한 실습생 발표 자료 사례

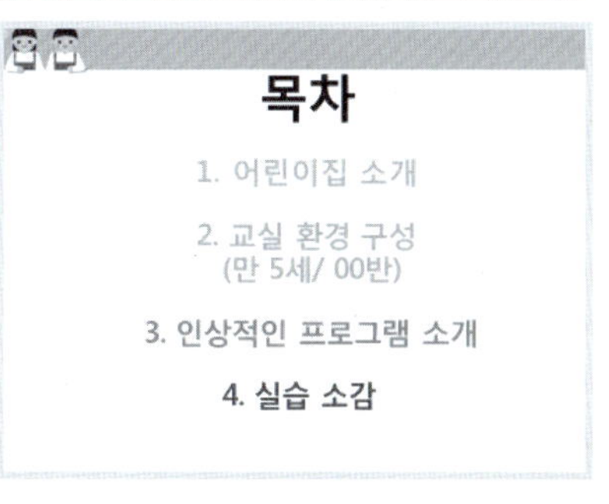

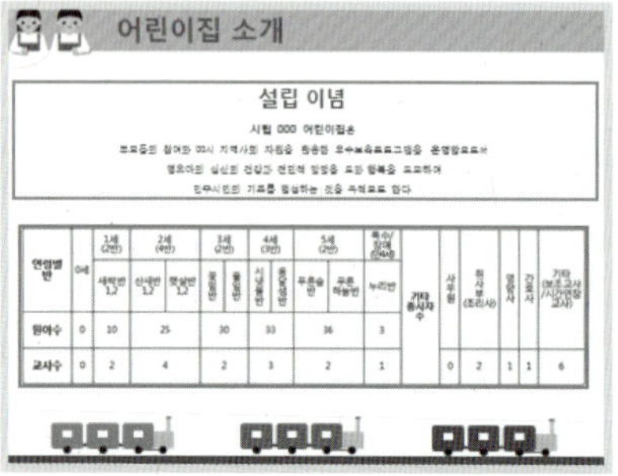

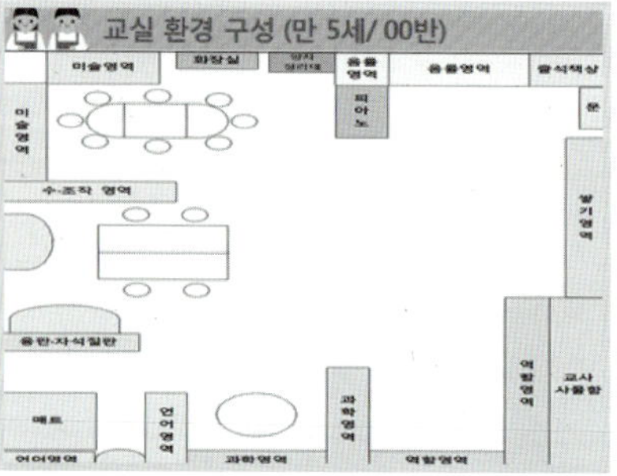

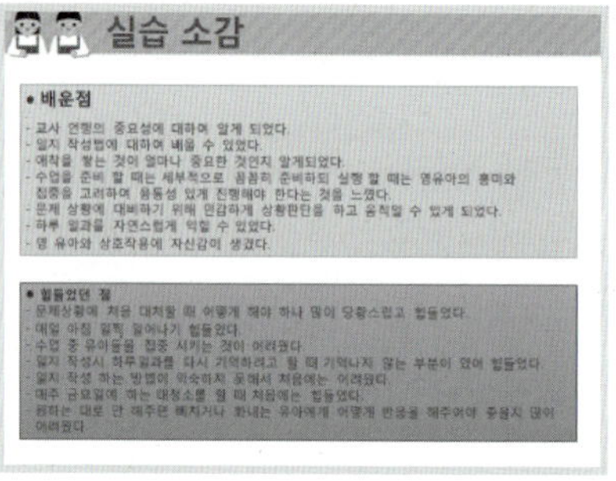

CASE 학교 현장실습 평가회를 위한 실습생 발표 자료 사례

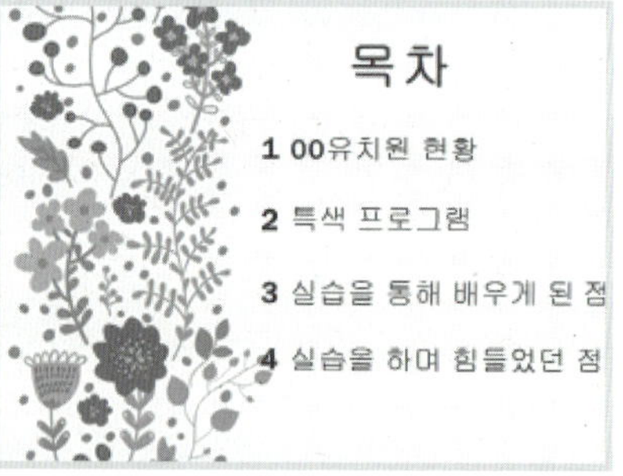

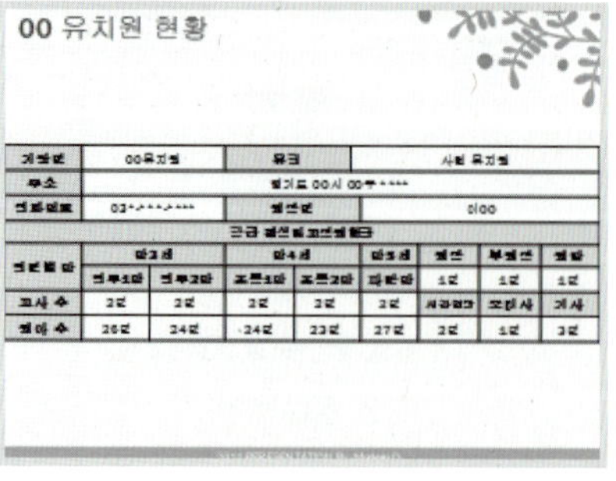

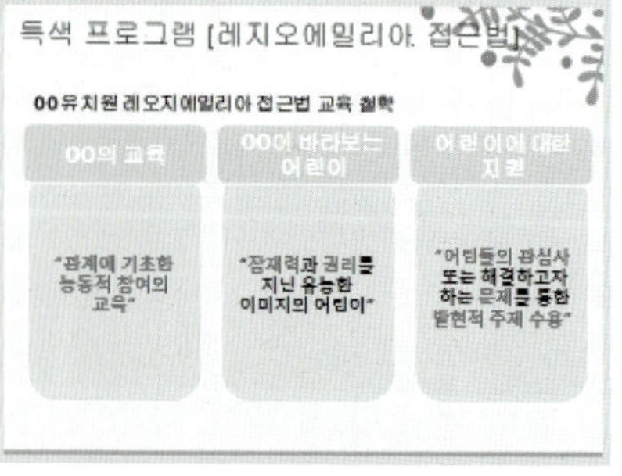

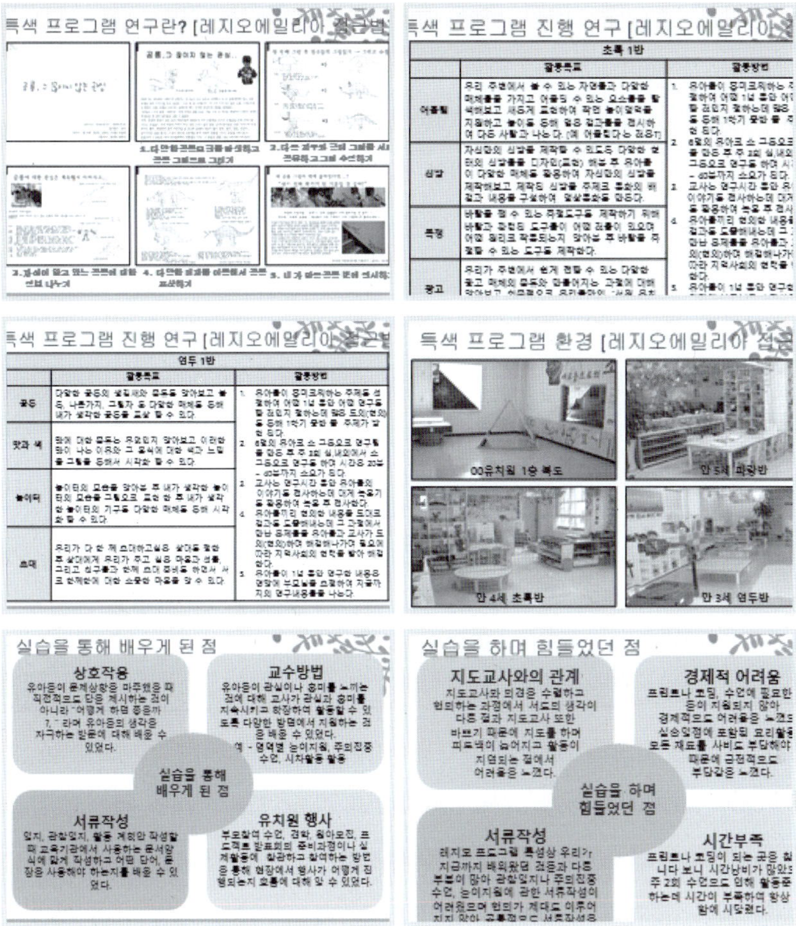

❸ 실습 기관 및 대학의 실습 운영에 대한 평가

평가는 실습생에게만 필요한 것이 아니다. 실습생을 지도하고 실습 과정을 운영한 대학의 학과 및 지도 교수, 그리고 실습 기관의 담임 교사 및 실습지로서의 기관도 각각의 역할 수행을 평가하거나 평가받는 것이 필요하다. 이러한 평가와 반성을 통해 추후 실습생 지도를 보다 효율적으로 지도할 수 있고, 교사 개인의 발전뿐 아니라 기관의 발전도 도모할 수 있다(박은혜, 조운주, 2014). 특히, 실습 기관의 지도 교사는 실습생과 달리 실습지도가 여러 업무 중 하나이고 실습지도에 우선하는 영유아지도 및 수업 운영 등에 책임이 있다. 이러한 상황 때문에 실습지도 및 실습생과의 관계가 부담으로 작용하면 적절한 실습지도에 어려움을 겪게 되기도 한다. 그러나 실습이 후배 교사를 양성하는 중요한 하나의 과정이라는 점에서 실습생과의 적절한 관계 형성 및 유지, 지도 교사로서의 충실한 역할 수행 등은 중요하다. 대학의 학과 및 지도 교수도 실습 교과 운영에 대한 평가를 통해 추후 좀 더 효과적인 실습지도를 진행할 수 있다. 실습 관련 기관을 평가하는 구체적 목적은 다음과 같다.

- 실습생 지도에 있어 교사 및 기관의 역할을 인식하게 한다.
- 교수학습, 수업지도 등 실습을 위한 체제를 구성한다.
- 지도 교사 및 기관의 반성적 사고를 증진시킨다.

실습 관련 기관에 대한 평가는 지도 교사 자신, 기관의 구성원 등의 자기 평가 및 실습생, 지도 교수 등 다양한 실습 주체에 의해 이루어질 수 있다. 평가를 위한 방법은 공식적 비공식적 면담, 실습 과정 녹화 및 녹음, 개인 저널, 평가회 등 다양한 방법을 활용할 수 있다. 실습 관련 기관에 대한 평가를 위한 평가지 및 체크리스트에 대한 예는 다음 사례와 같다.

CASE 현장실습 만족도 학생 설문 조사의 예

문항	내용	수행 정도				
		1	2	3	4	5
1	현장실습은 본인의 전공 지식과 실무 능력에 대해 좀 더 이해할 수 있는 계기가 되었다.					
2	현장실습은 취업 전에 기업 문화, 조직 분위기 등 직장 생활을 경험해 볼 수 있는 기회가 되었다.					
3	현장실습은 향후 본인의 진로와 취업 계획 수립, 졸업 후 직장 생활에 도움이 될 것이다.					
4	앞으로 현장실습 과정을 다른 동료나 후배에게 추천하겠다.					
5	대학의 실습 운영(정보 공지, 학생 선발 등)은 적절하게 구성되었고, 그 계획에 따라 진행되었다.					
6	대학 및 지도 교수는 실습과 관련된 학생들의 요구 및 의견을 충분히 반영한 편이다.					
7	현장실습의 학점 부여 규정(이수 학점, 실습 기간 등)은 적절하다고 생각한다.					
8	실습 전 오리엔테이션은 현장실습에 대한 전반적인 이해에 도움이 되었다.					
9	실습 환경(시설, 기자재, 안전 등)은 현장실습 교육장으로 적합하였다.					
10	실습 기관에서는 기술 지도 위원(실습 관리 담당자)을 배정하여 실습교육 및 업무 부여 등 원활한 실습을 운영하였다.					
11	실습 기관의 실습 내용은 전공과 관련된 내용으로 구성되어 실무 지식을 습득하는 데 도움이 되었다.					
12	실습 기관은 실습 계획 및 일정에 따라 운영하였다.					
13	향후 실습 기관으로부터 입사 제의가 들어온다면 취업할 의사가 있다.					

총평

CASE 지도 교사 역할 만족도 학생 설문 조사의 예

문항	내용	수행 정도				
		1	2	3	4	5
1	실습생에 대한 지지와 격려를 충분히 제공한다.					
2	실습생을 성인 협력자로 존중한다.					
3	실습생과 함께 문제해결 방법을 찾는다.					
4	실습생의 이야기를 경청하고 적절하게 반응한다.					
5	실습생의 민감한 사항에 대해 외부에 노출하지 않는다.					
6	실습생이 스트레스를 해소할 수 있는 건설적 방법을 제안한다.					
7	실습생과 개방적이고 신뢰적인 관계를 형성한다.					
8	실습생에게 유아지도, 평가하는 방법을 알려 준다.					
9	실습생에게 효과적인 교수방법에 대한 정보를 준다.					
10	실습생에게 자료 제작 및 활용 방법에 대한 정보를 준다.					
11	실습생에게 학급 운영 방법에 대한 정보를 준다.					
12	실습생의 교수 향상을 위한 협의회(계획 및 평가 시간)를 한다.					
13	실습생에게 규칙적이고 지속적인 정보와 피드백을 제공한다.					
총평						

CASE 현장실습 만족도 산업체 설문 조사의 예

문항	내용	수행 정도				
		1	2	3	4	5
1	현장실습에 참여한 학생들은 전공과 관련된 지식, 능력을 보유하고 있었다.					
2	현장실습에 참여한 학생들은 현장실습에 높은 관심을 보였고, 적극적으로 실습에 참여하였다.					
3	현장실습 참여한 학생을 통하여 새로운 아이디어와 분위기 도출에 도움이 되었다.					
4	현장실습에 참여한 학생 중 우수한 학생에 대해서는 취업을 제의할 의사가 있다.					
5	대학의 현장실습 계획 및 일정은 적절하게 구성되었고, 그 계획에 따라 진행되었다.					
6	대학에서는 실습과 관련된 실습 기관의 요구 및 의견을 충분히 반영한 편이다.					
7	현장실습을 통해 향후 대학과의 산학 협력 및 교류 진행에 도움이 될 것으로 기대한다.					
8	귀 기관에서는 현장실습 참여 학생 인원이 어느 정도가 적합하다고 생각하는가?		1명	2명	3명	4명
9	현장실습의 유형으로는 어느 형태가 가장 적절한 것으로 생각하는가?			계절제	학기제	계절+학기
총평						

CASE 현장실습 만족도 지도 교수 설문 조사의 예

문항	내용	수행 정도				
		1	2	3	4	5
1	현장실습에 참여한 학생들은 현장실습 수행에 필요한 지식, 능력을 보유하고 있었다.					
2	현장실습에 참여한 학생들은 현장실습 운영 계획에 대한 이해도가 높았다.					
3	현장실습에 참여한 실습 기관은 현장실습 수행에 필요한 지식, 실습 환경을 보유하고 있었다.					
4	실습 기관의 기술 지도 위원은 학생의 실습지도에 충실하였다.					
5	대학의 현장실습 계획 및 일정은 적절하게 구성되었고, 그 계획에 따라 진행되었다.					
6	대학에서는 실습과 관련된 학생 및 실습 기관의 의견을 충분히 반영한 편이다.					
7	현장실습을 통해 향후 산업체와의 산학 협력 및 교류 진행에 도움이 될 것으로 기대한다.					
총평						

CHAPTER

06

현장실습의 사후 관리

학교 현장 실습의 사후 관리 | 보육실습의 사후 관리

CHAPTER 06

현장실습의 사후 관리

이 장은 기관 실습을 마무리한 후 실습생, 실습 기관, 실습 양성 기관(대학)의 관련 서류 제출 및 보관과 관련한 장이다. 실습은 예비 유아 교사의 역량 강화를 위해서도 중요한 과정이지만 관련 교사 자격 취득을 위해서도 중요한 교육과정이다. 따라서 실습은 예비 유아 교사의 실습 완료 후의 관련 서류 관리, 자격 취득을 위한 절차 등이 제대로 이루어져야 비로소 완료되는 것이므로, 현장실습의 사후 관리까지 꼼꼼히 확인하는 것이 중요하다.

❶ 학교 현장실습의 사후 관리

대학에서는 학교 현장실습과 관련하여 다음의 자료를 연도별로 5년(보관 문서 의무 보관 기간) 동안 보관한다.

1) 학교 현장실습 관련 제출 서류

(1) 지도 교수가 학교로 제출해야 할 서류

- 학교 현장실습 결과 보고서
- 학교 현장실습 평가 보고서

(2) 실습생이 학교로 제출해야 할 서류

- 학교 현장실습일지(학교 현장실습 기간 동안의 실습 내용)
- 설문 조사서(실습생용)
- 학교 현장실습 시행 실습생의 만족도 조사

(3) 실습 기관이 학교로 제출해야 할 서류

- 학교 현장실습 출석부
- 실습생의 근태 관리 및 출결 관리
- 설문 조사서(실습 기관용)
- 학교 현장실습 시행 실습 기관의 만족도 조사
- 학교 현장실습 평가서(실습 기관용)
- 학교 현장실습비 영수증
- 학교 현장실습 결과 보고서

2) 유치원 교사 자격증 신청

학교 현장실습 이수자 명단을 대학의 교무처에 제출하면 교무처에서 일괄 처리한다.

❷ 보육실습의 사후 관리(출처: 한국보육진흥원, 2018)

1) 보육실습 기관의 사후 관리

(1) 보육실습 기관에서 양성 교육기관에 보내야 하는 서류

보육실습 기관에서는 실습 종료 후 14일 이내에 다음의 서류를 보육 교사 양성 교육기관에 송부한다.

- 보육실습 확인서
- 보육실습 평가서(NCS 평가 기준에 맞추어 평가 항목을 정하고 평가)
- 보육실습 결과 보고서
- 보육실습비 영수증
- 보육실습생 출근부
- 보육실습일지(보육실습생이 양성 교육기관에 직접 제출)
- 보육실습지도 교사 자격증 사본
- 보육실습 기관 인가증 사본 또는 어린이집 위탁 계약 증서 사본(보육실습 당시 계약 일시가 명시된 위탁 계약 증서)
- 어린이집 평가 인증서 사본

(2) 보육실습 기관에서 보관해야 하는 서류

보육실습 기관에서는 다음의 문서를 이후 5년 동안 보관한다.

- 보육실습 확인서 사본
- 보육실습 결과 보고서 사본
- 보육실습비 영수증 사본
- 보육실습지도 교사 자격증 사본

보육실습과 관련된 세부 사항을 '보육실습 기관 보관용 보육실습생 기록대장'에 정확히 기록하여 영구 보존한다. 보육실습 기록대장에는 보육실습생의 개인 정보가 수록되므로 실습 기관에서는 보관에 특별히 유의해야 한다.

2) 양성 교육기관의 사후 관리

(1) 보육실습 관련 자료 보관

보육 교사 양성 교육기관에서는 보육실습과 관련하여 실습 기록대장은 영구 보존하고, 다음에 제시한 자료는 연도별로 5년동안 보관한다(보건복지부, 2016).

- 보육실습 확인서 사본
- 보육실습 기관 방문 결과 보고서
- 보육실습 평가서
- 보육실습비 영수증
- 보육실습 동의서
- 보육실습지도 교사 자격증 사본
- 보육실습 기관 인가증 사본 또는 어린이집 위탁 계약 증명서 사본(보육실습 당시 계약 일시가 명시된 위탁 계약 증서)
- 어린이집 평가 인증서 사본

양성 교육기관은 보육실습과 관련된 세부 사항을 '보육실습 기관 기록대장'에 정확히 기록하여 영구 보존한다. 보육실습 기록대장에는 보육실습생의 개인 정보가 수록되므로 실습 기관에서는 보관에 특별히 유의해야 한다.

(2) 보육 교사 자격증 신청 방법

보육 교직원 자격증은 보육인력국가자격증 홈페이지에서 개인 및 단체(대학 또는 보육 교사 교육원에 한함)로 신청 가능하다. 인터넷 신청을 원칙으로 하며 자격증 신청과 관련된 모든 구비 서류는 한국보육진흥원(http://chrd.childcare.go.kr)으로 등기 발송(등기 번호 보관 요망)해야 한다. 자격증 신청 후 반드시 '나의 자격증 신청 진행 현황'을 통해 진행 상황을 확인한다.

〈보육 교사 자격증 개인 신청 방법〉

홈페이지 회원 가입 및 로그인→자격증 신청(보육 교사/어린이집 원장)→수수료 입금(신용 카드, 계좌 이체, 가상 계좌)→발급 신청서 출력→발급 신청서 및 구비 서류 등기 우편 발송→신청 진행 현황 확인

SUPPLEMENT
부록

학교 현장실습 | 보육실습

SUPPLEMENT

학교 현장실습

학교 현장실습 의뢰 공문 예시(실습 의뢰서) | 학교 현장실습생 신상 카드 | 학교 현장실습생 자기소개서 | 학교 현장실습생 서약서 | 현장실습 표준 협약서 | 학교 현장실습 협력 유치원 지정 증명서 | 실습 승인서 | 수락서 | 교육실습생 평가 기준표 | 학교 현장실습 평가 기준표 | 실습 학기제 수행평가표(실습지도 교수 작성용) | 학교 현장실습생 연구 수업 평가서 | 실습 학기제 수행평가표(실습 기관 작성용) | 20○○년도 학교 현장실습 자기 평가서 | 20○○년도 학교 현장실습 완료 증명서 | 학교 현장실습 이수 증명서 | 실습생 출근부 | 실습생 출석 확인부 | 현장실습 기관 현황 | 학교 현장실습 기관의 현황 | 실습 일정표 1 | 실습 일정표 2 | 실습 일정표 3 | 학교 현장실습일지 | 일일 교육 계획안 | 주간 교육 계획안 | 월간 교육 계획안 | 연간 교육 계획안 | 현장실습비 지급 영수증

❶ 학교 현장실습 의뢰 공문 예시(실습 의뢰서)

0000대 학 교

수신자 00유치원
(경유)
제목 학교현장실습 의뢰 건

1. 귀 기관의 무궁한 발전을 기원합니다.

2. 본 대학 000과에서는 전문교사로서의 성장을 돕기 위해 _학년 학생들의 학교현장실습(유치원실습)을 아래와 같이 의뢰하오니 예비교사로서 충실한 실습이 될 수 있도록 지도와 협조를 부탁드립니다.

- 아 래 -

가. 실습기간 : 20 년 월 일 ~ 20 년 월 일
나. 실습대상 : 00과 _학년 강**, 안**, 안** (총 3명)
다. 실습비 지급내역 : 학생 1인당 실습지도비 ______원(실습 종료일로부터 7일내 입금)
라. 실습생 인적사항 :

성 명	학 번	주 소	연 락 처
강**	2016109***	경기도 용인시 처인구 양지면 양지로119번길 ****	010-7761-****
안**	2016109***	경기 수원시 권선구 권선동 1320, 우남 2차 아파트 *****	010-7501-****
안**	2016109***	경기도 수원시 권선구 호매실로165번길 70 *****	010-8300-****

첨부서류 - 1. 실습교사 지도 안내문.1부.
2. 학교현장실습생 신상카드.1부.
3. 학교현장실습생 서약서. 1부.
4. 실습승인서.1부.
5. 현장실습 표준협약서.1부.
6. 실습학기제 참여 신청서.1부.
7. 실습학기제 운영계획서 / 세부 운영계획서. 각 1부.
8. 교육실습 협력(병설)학교 지정증명서.1부.
9. 현장실습 실습지원비 미지급 사유서(학교→실습생).1부.
10. 현장실습생 연구수업 평가서. 1부.
11. 교육실습생 평가 기준표. 1부.
12. 실습학기제 수행평가표. 1부. 끝.
13. 현장실습비 지급 영수증(학교→기관).
14. 현장실습 만족도조사서(실습기관용) 1부. 끝.

000 대 학 교 000과

담당자 학과장 학부장
시행 유아교육-2018-003 접수
우편 16632 경기도 00시 00구 00로 72 (00관00층 00호) / www.00.ac.kr
전화 031-000-0000 / FAX 031-000-0000 / 000@000.ac.kr / 공개

② 학교 현장실습생 신상 카드

학교 현장실습생 신상 카드

성명					(사진)
생년월일					
연락처					
거주지					
소속 대학	○○○ 대학교 유아교육과				
학력	초				
	중				
	고				
가족 사항	성명	연령	관계	주소	비고
취미				특기	
유아교육 관련 경험:					

위의 사항이 틀림없음을 확인합니다.

20○○년 월 일

본인 서명 (인)

학교 현장실습생 자기소개서

학번: ________ **이름:** ______________

1. 성장 과정
2. 성격의 장단점
3. 기타 실습지도상 원하는 사항이나 건의 사항

④ 학교 현장실습생 서약서

학교 현장실습생 서약서

대학교　　　학부　　　과　학년 ________

상기 본인은 귀 유치원의 학교 현장실습생으로서 학교 현장실습의 목적과 중요성을 충분히 이해하고 유치원의 제반 규정을 성실히 준수하여 유아교육 능력 향상에 최선을 다할 것을 서약합니다.

20○○년　　월　　일

현장실습생: __________ (인)

__________ 유치원 원장님 귀하

현장실습 표준 협약서

제1조(목적) 이 현장실습 협약서는 ㅇㅇㅇ유치원 (이하 "실습 기관" 이라 한다)과 현장실습생 ㅇㅇㅇ (이하 "학생"이라 한다)과(와) ㅇㅇ대학교(이하 "대학"이라 한다) 상호 간의 현장실습 교육에 관한 필요한 사항을 정하고, 이를 성실하게 준수할 것을 약정함을 그 목적으로 한다.

제2조(교육 기간 및 장소)

① 현장실습 교육(이하"교육"이라 한다) 기간은 20ㅇㅇ년 ㅇ월 ㅇ일 ㅇ요일 ~ 20ㅇㅇ년 ㅇ월 ㅇ일 ㅇ요일까지 4주로 한다.

② 교육 장소는 "실습 기관"의 사업장 또는 사업과 관련된 장소로 하고, 실습생의 보건 · 위생 및 산업재해 등으로부터 안전한 장소로 지정토록 협의한다.

제3조(교육방법 및 내용) 교육은 "실습 기관"과 "대학"이 협의하여 작성한 현장실습 수행 계획에 따라 실시하며 "대학"은 실습 계획, 준수 사항, 관련법 등을 포함한 사전 교육 및 수강 신청을 진행한다.

제4조(실습 기관의 의무) "실습 기관"은 교육이 내실 있게 실시될 수 있도록 다음 각호의 사항을 준수하여야 한다.

1. "학생"의 전공과 관련된 부서에 배치하고 교육에 필요한 시설, 장비 등을 제공하여 다양하고 폭넓은 실습 기회를 제공한다.
2. 교육을 지도할 능력을 갖춘 담당자를 배치하여 "학생"의 실습을 성실하게 지도한다.
3. "대학"의 현장 방문지도할 경우 이에 협력한다.

제5조(대학의 의무) "대학"은 "학생"에 대하여 다음 각호의 사항을 알린다.

1. 교육 과제를 성실하고 근면하게 수행하도록 한다.
2. 교육 기간 중 "실습 기관"의 사규 및 안전 관리 규정 등 제반 수칙을 준수하도록 한다.
3. 교육을 위한 기계, 공구, 기타 장비가 파손되거나 분실되지 않도록 주의 깊게 사용하도록 한다.
4. 교육 도중 알게 된 "실습 기관"의 기밀을 누설하지 않도록 한다.

제6조(교육 기준 시간) 교육 기준 시간은 1일 6시간 이상(8시간 초과 금지), 1주 40시간, 4주를 기준으로 연속으로 운영함을 원칙으로 한다.

제7조(실습 지원비) 대학생 현장실습 운영 규정에 의거하여 교육을 목적으로 실시하는 현장실습이므로 별도의 실습 지원비를 지급하지 않는다.

제8조(교육의 평가) "실습 기관"은 "대학"이 정한 기준에 따라 "학생"의 교육 및 출근 상황 등에 대한 실습 기관 평가서를 교육 종료 후 "대학"에 제출하며 "대학"은 기준에 따라 학점을 부여한다.

제9조(제 경비 지원) 교육 기간 동안 발생하는 제 경비는 "실습 기관" 및 "학생" 부담을 원칙으로 한다.

제10조(교육 협약의 해지) "실습 기관"과 "학생"은 교육 기간 동안에 협약을 해지해야 할 부득이한 사유가 있을 때에는 협약 당사 간의 협의에 의해 해지할 수 있으며, 이 경우 협약 해지일 10일 전까지 협약 당사자에게 그 사실을 통보하여야 한다.

제11조(기타) 이 협약서에 명시되지 아니한 사항에 대하여는 대학생 현장실습 운영 규정 및 상호 협의를 준용한다.

본 협약서는 3부를 작성하여 각각 날인 후 "실습 기관", "학생", "대학"이 각 1부씩 보관한다.

20ㅇㅇ년 월 일

실습 기관	학생	대학
기관명:	학번:	ㅇㅇ대학교
주소:	이름:	총장
대표자:	(인)	(인)

6 학교 현장실습 협력 유치원 지정 증명서

학교 현장실습 협력 유치원 지정 증명서

협력 유치원			실습 학생			
유치원명	학급 수	소재지 및 연락처	대학명	학과명	실습교과	실습예정 인원
ㅇㅇ 유치원			ㅇㅇ 대학교	유아교육과	학교 현장실습	

위와 같이 본교가 학교 현장실습 협력 유치원으로 지정되었음을 증명함.

20ㅇㅇ년　　월　　일

ㅇㅇ 유치원장 (직인)

실습 승인서

○○ 대학교 학부 ○○과의 현장실습을 아래와 같이 승인합니다.

- 아 래 -

실습생 성명			
학부(학과)			
기관명			
기관 주소			
기관 연락처	전화: 팩스:	담당자 연락처	
실습 담당자	직위: 부서: 성명:	E-mail	
실습 일정	20 년 월 일 월요일 ~ 20 년 월 일 금요일		
실습 기관 보조비 청구 내역	현장실습비: 1인 / 원 인원: 명 계좌 번호: 예금주: 입금 기한: 실습 종료일로부터 7일 이내까지		
실습 부서 (실습 내역)			
기타 의견			

상기 내용으로 현장실습 의뢰 결과를 회신합니다.

실습 담당자: (인)

기관장: (인)

○○ 대학교 총장 귀하

8 수락서

수락서

귀 대학교의 과 3학년 학생들의 학교 현장실습을 아래와 같이 수락합니다.

- 아 래 -

· 본 유치원의 학급 수: ( ) 학급

· 실습생 수: ( ) 명

20 . 10. .

실습 기관명	유치원
원장명	(인)

○○ 대학교 ○○○ 학과장 귀하

9 교육실습생 평가 기준표

교육실습생 평가 기준표

○○대학교 유아교육과

평가 사항	평가 내용	배점
근무 태도 (10%)	1. 출퇴근 시간을 준수하며 근면 성실하게 실습에 임하였는가? 2. 학교 현장실습 기간 동안 근면하였는가?	5점 〃
자질 (15%)	1. 직무에 대한 책임감이 강하며 성실하게 임하고 있는가? 2. 유아에 대한 관심과 이해가 있는가? 3. 교직원과 인화, 협동하며 신뢰를 받고 있는가? 4. 용모, 언행이 단정한가? 5. 교육적 신념을 가지고 적극적으로 활동하는가?	3점 〃 〃 〃 〃
학습지도 능력 (50%)	1. 학습지도를 위한 교재 연구는 충실히 했는가? 2. 학습지도를 위한 자료 준비는 충분한가? 3. 언어 사용이 분명하고 자발적 학습 의욕을 갖도록 동기 유발이 잘되었는가? 4. 유아의 개인차에 따른 지도를 하였는가? 5. 교사-유아 간 풍부한 상호 작용이 이루어지며, 발달에 적합한 수업을 진행하는가? 6. 자료 제시는 조직적이며 조리 있게 되었는가? 7. 활동적이고 효과적인 학습을 하였는가? 8. 유아들의 관찰 결과를 지도에 활용하였는가? 9. 유아의 활동에 대한 평가 방법은 적절한가? 10. 평가 결과를 잘 처리하여 학습에 도움을 주었는가?	5점 〃 〃 〃 〃 〃 〃 〃 〃
연구 조사 활동 (15%)	1. 제반 업무에 창의성을 발휘하였는가? 2. 스스로 알려고 하는 연구적 태도를 가졌는가? 3. 제반 활동에 대한 기록을 잘하고 있는가? 4. 교직에 대한 이론은 정립되었는가? 5. 알고 있는 이론을 적용하려고 노력하는가?	3점 〃 〃 〃 〃
학급 경영 및 사무 처리 능력 (10%)	1. 실내 · 외 정리 정돈과 위생적인 환경 구성을 배려했는가? 2. 실습일지는 정확히 기입하여 그 보관에 신중을 기했는가?	5점 〃
총평 (100%)		

학교 현장실습 평가 기준표

평가 항목	평가 내용	배점	세부 배점
1. 근무 태도	근무 사항(출석, 결석, 지각, 조퇴 등)	10	10
2. 학습지도 능력	준비 및 계획 능력	5	20
	학습 동기 유발 능력	5	
	지도 내용 이해 및 수행 능력	5	
	학습 결과 평가 능력	5	
3. 유아 행동 연구 능력	관찰 및 연구 능력	5	10
	유아에 대한 개별적 관심과 이해 능력	5	
4. 학습 운영 관리 능력	학급 운영 및 사무 처리 능력	5	10
	교직 사명감과 태도	5	
5. 기초 능력	인화와 협동 태도	5	10
	의사 전달 능력	5	
총 실습 점수	**60**		

※ 학교 현장실습 평가 기준표는 학교 현장실습 평가서(성적표) 작성 시 참고하시고, '학교 현장실습 평가서(성적표)' 및 '학교 현장실습 완료 증명서', '현장실습 만족도 조사서'는 작성 후 동봉된 편지 봉투에 넣어 월 일까지 우편으로 보내 주시기 바랍니다.

⑪ 실습 학기제 수행평가표(실습지도 교수 작성용)

실습 학기제 수행평가표

실습지도 교수 작성용

• 실습 학생

학과명(전공)	유아교육과		
실습 학생명		학번	

• 실습지도 교수

실습 기간	20 년 월 일 ~ 20 년 월 일 (4주간)		
실습지도 교수	(인)	학과장	(인)

• 실습 학기제 수행평가

평가 항목	세부 평가 항목(능력 단위 요소명)	점수 배점	점수
기타	실습일지 작성의 구체성, 성실성, 다양성, 정확성	20	
	학교 현장실습 사전 오리엔테이션 참석	10	
	학교 현장실습 사후 평가회 참석	10	
	사후실습 시행	10	
총		50	

실습 학기제 수행평가 의견

학교 현장실습생 연구 수업 평가서

실습 교사		연구 수업일자	2018년 월 일( )
수업 대상 연령			
주제			
평가자	**평가 내용**		
원장			
원감			
지도 교사			

⑬ 실습 학기제 수행평가표(실습 기관 작성용)

실습 학기제 수행평가표

실습 기관 작성용

• 실습 학생

학과명(전공)	유아교육과		
실습 학생명		학번	

• 실습 기관 교육 담당자

실습 기간	20 년 월 일 ~ 20 년 월 일 (4주간)		
실습 기관명			
실습지도 교사	(인)	원장	(인)

• 실습 내용

1주	
2주	
3주	
4주	

• 실습 학기제 수행평가

평가 항목	세부 평가 항목(능력 단위 요소명)	점수 배점	점수
직무 수행 능력 / 직업 기초 능력	근무 태도	10	
	유아 교사로서의 자질	15	
	학습지도 능력	50	
	연구 조사 활동	15	
	학급 경영 및 사무 처리 능력	10	
총		**50**	

실습 학기제 수행평가 의견

20○○년도 학교 현장실습 자기 평가서

학번:

이름:

1. 실습지

2. 실습 기관 형태

3. 실습 학급 연령

4. 실습 기간 주간 실습 내용
   - 1주차
   - 2주차
   - 3주차
   - 4주차
   - 제작 교구의 수

5. 가장 잘했던 수업 유형과 내용

6. 가장 후회되는 수업의 내용

7. 가장 보람 있었던 경험 3가지

8. 가장 힘들었던 경험 3가지

9. 실습을 통해 가장 크게 배운 점 3가지

10. 실습 과정 중 지적받은 사항 3가지

20○○년도 학교 현장실습 완료 증명서

〈실습생 명단〉

학과명	학년	성명	실습 기간	비고
유아교육과			~	
			~	
			~	
			~	
			~	
			~	
			~	
			~	
			~	
			~	
			~	

위 사람은 본 유치원에 파견되어 위 기간 중 학교 현장실습을 완료하였음을 증명합니다.

학교 현장실습 이수 증명서

소속: ○○ 대학교 유아교육과

<table>
<tr><td>1. 실습 기관명</td><td colspan="3"></td></tr>
<tr><td>2. 실습 기간</td><td colspan="3">20 년 월 일 ~ 20 년 월 일 (4주간)</td></tr>
<tr><td colspan="4">3. 실습지도자</td></tr>
<tr><td>직명</td><td>성명</td><td>담당</td><td>비고</td></tr>
<tr><td></td><td></td><td></td><td></td></tr>
<tr><td colspan="4">4. 실습 내용</td></tr>
<tr><td>제1주</td><td>제2주</td><td>제3주</td><td>제4주</td></tr>
<tr><td></td><td></td><td></td><td></td></tr>
<tr><td colspan="4">5. 실습생 명단</td></tr>
</table>

실습생 성명	근무 태도 (10점)	교사 자질 (15점)	학습지도 능력 (50점)	연구 조사 활동 (15점)	학급 경영 및 사무 처리 능력 (10점)	총평 (100점)	지도 교사명

위 사실을 증명함

20 년 월 일

실습 기관장 직인

실습생 출근부

실습 유치원: ______________

실습생: ________________

실습 기간: 년 월 일 ~ 년 월 일

1주	월 일 요일	월 일 요일	월 일 요일	월 일 요일	월 일 요일	월 일 요일
2주	월 일 요일	월 일 요일	월 일 요일	월 일 요일	월 일 요일	월 일 요일
3주	월 일 요일	월 일 요일	월 일 요일	월 일 요일	월 일 요일	월 일 요일
4주	월 일 요일	월 일 요일	월 일 요일	월 일 요일	월 일 요일	월 일 요일
실습 일수 시간	결근 일수: 출근 일수: 총 실습 일수:					

※ 근무 시간 평일 09:00~18:00 (단, 실습 기관의 하루 일과 진행에 따라 조정 가능합니다.)
※ 실습생은 출근 월일을 기입하여 날인하고, 지도 교사의 확인을 받는다.

실습생 출석 확인부

실습 유치원 명:

실습생 성명:

지도 교사 성명:

월 일( )	월 일( )	월 일( )	월 일( )	월 일( )
월 일( )	월 일( )	월 일( )	월 일( )	월 일( )
월 일( )	월 일( )	월 일( )	월 일( )	월 일( )
월 일( )	월 일( )	월 일( )	월 일( )	월 일( )
실습 기관장 날인 (직인)				

※ 실습생의 출근 확인은 반드시 실습지도 교사가 서명하도록 한다.
※ 실습 기관장은 실습 종료 시 최종 출근부에 확인 후 날인(직인)한다.
※ 출, 퇴근 시간을 정확히 하고 지각, 조퇴, 결근 시에는 반드시 실습 기관장의 허락을 받도록 한다.

현장실습 기관 현황

1. 교육 목표:

2. 기관 현황

유치원 기관명	학급 수	원아 수	설립자	원장	주소	전화

3. 교직원 현황

구분 / 인원	원장	원감	부장 교사	교사	직원			
					기사	영양사	서무	기타
계	명	명	명	명	명	명	명	명

4. 학급 편성

반명 / 인원		반	반	반	반	반	반
연령							
수업 시간							
담임 수							
원아 수	남	명	명	명	명	명	명
	여	명	명	명	명	명	명
	계	명	명	명	명	명	명

반명 / 인원		반	반	반	반	반	반
연령							
수업 시간							
담임 수							
원아 수	남	명	명	명	명	명	명
	여	명	명	명	명	명	명
	계	명	명	명	명	명	명

학교 현장실습 기관의 현황

1) 유아교육기관 명칭

2) 교육 목표

3) 원훈

4) 연혁

5) 원의 특성

6) 약도

7) 교직원 현황

	이름	자격	경력	비고
원장				
원감(주임)				
교사				
직원				

8) 학급 및 유아 수

연령	학급 수	유아 수	교사 : 유아 비율	비고

㉑ 실습 일정표 1

주	월/일	요일	주요 실습 활동 계획	행사	비고
제1주	10/24	월	실습 기관 소개 및 일정 확인	운동회	
	10/25	화	유아 관찰 및 수업 보조, 일일 계획안 작성	안전의 날	
	10/26	수	유아 관찰 및 수업 보조, 일일 계획안 작성		출석부 작성 실습
	10/27	목	유아 관찰 및 수업 보조, 일일 계획안 작성		연구 수업 계획안 제출 및 피드백
	10/28	금	유아 관찰 및 수업 보조, 일일 계획안 작성		
제2주	10/31	월	유아 관찰 및 수업 보조, 일일 계획안 작성		
	11/1	화	부분 수업 1회차, 수업 평가	안전의 날	연령 협의회
	11/2	수	교구 제작 및 유아 관찰, 일지 작성		
	11/3	목	유아 관찰 및 수업 보조, 일일 계획안 작성		
	11/4	금	유아 관찰 및 수업 보조, 일일 계획안 작성		
제3주	11/7	월	유아 관찰 및 수업 보조, 일일 계획안 작성		
	11/8	화	연계 수업	안전의 날	수업 평가
	11/9	수	유아 관찰 및 수업 보조, 일일 계획안 작성		연구 수업 계획안 제출 및 피드백
	11/10	목	유아 관찰 및 수업 보조, 일일 계획안 작성		부모상담지도
	11/11	금	유아 관찰 및 수업 보조, 일일 계획안 작성		
제4주	11/14	월	유아 관찰 및 수업 보조, 일일 계획안 작성		
	11/15	화	전일 수업-연구 수업	안전의 날	
	11/16	수	유아 관찰 및 수업 보조, 일일 계획안 작성		
	11/17	목	유아 관찰 및 수업 보조, 일일 계획안 작성		
	11/18	금	실습 평가 및 마무리		

22 실습 일정표 2

제1주
• 실습 기관의 소개 • 실습 일정 확인 • 연령별 학급 순회 참관

제2주
• 실유아 관찰 및 수업 보조 • 연구 수업 실시 • 실습일지 작성 • 출석부 작성 실습 • 유아 관찰 기록 작성 실습

제3주
• 유아 관찰 및 수업 보조 • 연구 수업 실시(연계 활동) • 실습일지 작성

제4주
• 실습일지 작성 • 연구 수업 실시(종일 혹은 오전)

※ 위 실습 일정은 각 실습 유치원의 사정에 따라 조정이 될 수 있음.

23 실습 일정표 3

제1주
• 유아교육기관 운영 현황 알기 • 학급 구성 및 교직원 수 파악하기 • 실습 교실의 실내 · 외 환경 특징 알기 • 실습 교실의 유아 연령에 따른 발달 특성 이해하기 • 수업 활동별 특성 파악하기(이야기나누기, 동화 들려주기, 새노래 지도, 조형 활동, 게임 및 신체 활동 등) • 자유선택 활동의 운영 방법 알기 • 실습일지 작성 및 피드백

제2주
• 실습 교실에서의 유아들과의 상호 작용 및 교사 역할 파악 • 실습지도 교사의 수업 진행 방법 파악하기 • 부분 수업에 따른 교육 계획안 및 관련 교재 · 교구 자료 준비 • 실습 교실의 유아 연령에 따른 발달 특성 이해하기 • 수업 활동별 특성 파악하기(이야기나누기, 동화 들려주기, 새노래 지도, 조형 활동, 게임 및 신체 활동 등) • 자유선택 활동의 운영 방법 알기 • 실습일지 작성 및 피드백

제3주
• 실습 교실에서의 유아들과의 상호 작용 및 교사 역할 알기 • 실습지도 교사의 수업 진행 방법 파악 • 연계 수업에 따른 교육 계획안 및 관련 교재 · 교구 자료 준비 • 실습 교실의 유아 연령에 따른 발달 특성 이해하기 • 수업 활동별 특성 파악하기(이야기나누기, 동화 들려주기, 새노래 지도, 조형 활동, 게임 및 신체 활동 등) • 자유선택 활동의 운영 방법 알기 • 실습일지 작성 및 피드백

제4주
• 실습 교실에서의 유아들과의 상호 작용 및 교사 역할 파악 • 실습지도 교사의 수업 진행 방법 파악 • 전일 수업에 따른 교육 계획안 및 관련 교재 · 교구 자료 준비 • 실습 교실의 유아 연령에 따른 발달 특성 이해하기 • 수업 활동별 특성 파악하기(이야기나누기, 동화 들려주기, 새노래 지도, 조형 활동, 게임 및 신체 활동 등) • 자유선택 활동의 운영 방법 알기 • 실습일지 작성 및 피드백

학교 현장실습일지

<table>
<tr><td rowspan="2">월일</td><td rowspan="2">요일</td><td rowspan="2"></td><td rowspan="2">날씨</td><td rowspan="2"></td><td rowspan="2">등원 시 분
하원 시 분</td><td rowspan="2">확인</td><td>실습생</td><td>지도
교사</td><td>원장</td></tr>
<tr><td></td><td></td><td></td></tr>
<tr><td>활동 주제</td><td colspan="2"></td><td>목표</td><td colspan="6"></td></tr>
</table>

활동 구분 (시간)	활동 내용	준비물 및 지도상 유의점

실습생 소감:

지도 교사 조언:

전달 사항 및 내일의 계획:

일일 교육 계획안

결재	담임	원장

일지	날짜	20ㅇㅇ년 ㅇㅇ월 ㅇ일 ㅇ요일					수업 일수	
	출결 상황	성별	남	여	계	결석 유아 사유		
		재적	15	14	29			
		출석	14	13	27			
		결석	1	1	2			
생활 주제	가을	주제	가을 학교				소주제	행복한 미술관
목표	행복한 미술관 활동에 즐거운 마음으로 참여하며 자연의 변화하는 모습을 알고 자신의 생각을 알맞게 말할 수 있다.							
안전지도								
기본 생활 습관								
일일 시간표	09:00~09:30 등원 및 하루 일과 소개 09:30~10:00 등원 걷기 및 체조 10:00~10:30 이야기나누기 우리들의 행복한 미술관 10:30~11:20 놀이 계획 및 자유선택 활동						11:20~11:30 정리 정돈 및 평가 11:30~12:00 미술 12:00~13:00 점심 및 휴식 13:00~13:40 바깥놀이 13:40~14:00 하루 평가 및 귀가지도	

활동 시간	활동명	활동 목표	활동 내용	자료 및 유의점
09:00 ~ 09:30	등원 및 하루 일과 소개	진행되는 오늘 하루 일과를 안다.	• 반갑게 인사를 하고 자신의 소지품을 정리한다. • 함께 모여 인사 노래를 하고 날짜, 날씨에 대해 이야기나눈다. – 오늘 날씨가 어땠어요? • 개별적으로 간식을 가져가 자리에 앉아 먹는다. • 오늘 하루 일과를 알아본다.	오전 간식, 화이트보드
09:30 ~ 10:00	등원 걷기 및 체조	걷기와 체조를 통해 건강한 생활을 실천한다.	•건강한 생활을 하기 위해 무엇이 필요할지에 대해 이야기나눈다. • 걷기를 통해 무엇을 느끼고 싶은지 이야기나눈다. • 자연의 아름다움을 느끼고 관찰하며 걷기를 한다. • 어떤 체조를 해보고 싶은지 이야기나누며 함께 체조한다. – 어떤 방법으로 체조를 해볼까요?	

활동 시간	활동명	활동 목표	활동 내용	자료 및 유의점
			• 걷기와 체조를 한 경험과 느낌을 친구들과 이야기 나눈다. - 오늘 어떤 활동이 가장 기억에 남나요? - 활동을 통해 어떤 느낌이 들었는지 이야기해 볼까요?	
10:00 ~ 10:30	이야기 나누기	가을 학교의 전체적인 활동을 회상해 보며 평가하며 호기심을 유지하고 확장한다.	**우리들의 행복한 미술관** • 미술관에 대해 이야기나눈다. - 아침에 엄마랑 와서 소개해 준 친구 있나요? - 어떤 것을 소개해 드렸나요? • 가을 학교에 대해 이야기나눈다. - 너희들이 왜 가을 학교를 하며 작품을 만들었는지 알고 있나요? - 가을에만 볼 수 있는 자연물은 무엇이 있을까요? - 자연을 보며 어떤 마음을 느껴야 할까요? - 왜 고마움과 사랑을 느껴야 할까요? - 이런 마음을 가을 학교와 연결해서 이야기해 보아요. - 봄 학교에는 앞으로 변하게 될 자연에 대해 알아보았고, 여름 학교에는 푸르러진 자연에 대해 알아보았고, 가을 학교에는 자연이 준 선물을 가지고 작품을 만들어 보았어요. 겨울 학교에는 무엇을 하고 싶은지 선생님에게 나중에 알려 주세요. • 가을 학교의 활동에 대해 회상한다. - 가을 학교를 하면서 어떤 활동을 했었나요? • 활동을 평가한다. - 가을 학교를 하면서 어떤 기분이 들었나요? - 우리들의 미술관을 하면서 어떤 느낌이 들었나요? - 다음번에는 어떤 활동을 하고 싶은가요?	
10:30 ~ 11:20	놀이 계획 및 자유선택 활동	전시회를 준비하며 즐거움을 얻는다.	• 각 영역을 자유롭게 선택하여 놀이한다. **[역할 영역] 아름다운 단풍놀이** ▸ 활동 목표: 친구와 상상놀이를 하며 즐거움을 느낀다. ▸ 활동 방법 • 가을 풍경 사진을 보며 이야기나눈다. - 이 사진 속에는 어떻게 생겼나요? - 이 사진을 보니 어떤 느낌이 드나요? - 단풍놀이를 가 본 경험이 있나요? - 왜 단풍놀이를 가는 것일까요?	

활동 시간	활동명	활동 목표	활동 내용	자료 및 유의점
			-단풍놀이를 하려면 어느 곳으로 가야 할까요? -단풍놀이를 하려면 필요한 준비물은 무엇일까요? • 단풍놀이를 위한 풍경을 꾸며 본다. -어떤 것을 이용해서 풍경을 꾸며 보면 좋을까요? • 친구들과 함께 단풍놀이를 갈 준비를 한다. -단풍놀이를 가기 위한 준비를 해보아요. -역할을 나누어 준비를 해보아요. -누가 돗자리와 도시락을 준비해 볼까요? -또 어떤 준비물이 필요할까요? • 단풍놀이를 즐긴다. -함께 사진을 찍어 보아요. -돗자리에 누워 무엇을 해보면 좋을까요? • 활동 후 느낀 점을 이야기하고 평가한다. -단풍놀이를 해보니 어땠나요? -친구와 함께 상상하며 놀이하니 어떤 기분이 들었나요? -다음번에는 어떤 놀이를 해보고 싶나요?	
			[언어 영역] 가을 책을 만들어요 ▸ 활동 목표: 가을의 변화하는 다양한 모습을 글로 적어 본다. ▸ 활동 방법 • 다녀왔던 졸업 여행에 대해 이야기나눈다. -졸업 여행을 가서 가을이 돼서 변화하는 어떤 것들을 볼 수 있었나요? -가을에는 어떤 열매를 볼 수 있을까요? -가을에는 어떤 곤충들을 볼 수 있을까요? -가을에는 어떤 나무들을 볼 수 있을까요? • '가을 책을 만들어요' 활동을 소개한다. -가을에 볼 수 있는 다양한 모습들이 있는 책을 만들어 보아요. -책에 어떤 내용을 넣을 수 있을까요? -가을에 어떤 곡식을 볼 수 있을까요? -책에 어떤 글자를 써 보고 싶나요? • 내가 만든 가을 책을 읽어 본다. -내가 만든 가을 책을 친구들에게 소개해 보아요. -어떤 가을 책을 만들었나요? • 가을 책을 만든 활동에 대해 회상하며 이야기나눈다. -가을 책을 만들어 보니 어떤 느낌이 들었나요? -또 다른 내용을 넣어 보고 싶은 것이 있나요? -직접 보고 싶은 가을의 자연물이 있나요?	놀이 평가지 종이, 필기도구

활동 시간	활동명	활동 목표	활동 내용	자료 및 유의점
11:20 ~ 11:30	정리 정돈 및 평가	놀이한 후 스스로 정리할 수 있다.	• 교실에 있는 영역들을 살펴보며 정리를 해야 하는 이유에 대해 이야기나눈다. - 우리 교실에는 어떤 영역들이 있을까요? - 음률 영역를 살펴보자. 정리가 잘 되어 있나요? - 정리가 되지 않았다면 어디를 정리해야 할까요? - 함께 정리해 볼까요? • 정리 정돈을 마무리하고 평가한다. - 오늘은 어떠한 놀이를 했나요? - ㅇㅇ놀이를 하며 어떤 기분이 들었나요? - 다르게 놀아보고 싶은 친구가 있나요? - 다음번엔 어떻게 다르게 놀 수 있을까요?	
11:30 ~ 12:00	미술	찰흙을 사용하여 화분을 만듦으로서 즐거움을 느낀다.	찰흙 화분 만들기 • 화분에 대해 이야기나눈다. - 화분은 무엇일까요? - 화분은 왜 꽃들에게 필요한 물건일까요? - 무슨 모양인가요? • 재료를 탐색해 본다. - 만져 볼까요? 어떤 느낌이 드나요? • 활동 방법을 알아본다. - 찰흙으로 꽃을 위한 무엇을 만들어 볼 수 있을까요? • 찰흙을 활용하여 화분을 만든다. - 어떤 모양의 화분을 만들어볼까요? • 완성한 작품을 전시하고 평가한다. - ㅇㅇ는 어떤 모양으로 화분을 꾸몄나요? - 다른 친구는 어떤 모양으로 화분을 꾸몄나요?	
12:00 ~ 13:00	점심 및 휴식	바른 자세로 골고루 먹으며 그 중요성을 안다.	• 손을 깨끗이 씻고 모둠 별로 모여 앉는다. • 어떤 반찬이 나왔는지 함께 살펴본다. • 맛있는 음식을 주신 부모님께 감사하는 마음을 가지며 바른 자세로 점심을 먹는다. • 식사 후 자신의 도시락을 깨끗이 정리한다.	밥, 국, 반찬, 국자, 주걱, 집게 2개, 숟가락, 포크, 식판
13:00 ~ 13:40	바깥놀이	여러 가지 자연물을 관찰하고 채집하며 관심을 가진다.	• 행복한 미술관의 동생들 작품에 대해 이야기나눈다. - 동생들 작품에는 어떤 것들이 있나요? - 우리 반도 만들어 보고 싶은 것이 있나요? • 가까운 공원으로 나가 어떤 꽃을 화분에 넣고 싶은지 이야기나눈다. - 밖에 나가서 어떤 꽃으로 화분을 꽃꽂이할 수 있을까요?	신호 악기

<table>
<tr><th>활동 시간</th><th>활동명</th><th>활동 목표</th><th>활동 내용</th><th>자료 및 유의점</th></tr>
<tr><td></td><td></td><td></td><td>- 어떤 풀로 장식을 해볼 수 있을까요?
• 규칙을 정한다.
- 안전하게 활동하기 위해서 어떤 것이 필요할까요?
- 어떤 규칙을 세울 수 있을까요?
• 유아들이 자유롭게 꽃과 풀을 채집한다.
- 이 꽃을 본 적 있나요?
- 어떤 꽃의 꽃잎일까요?
- 무슨 모양인가요?
- 어떤 꽃으로 화분을 꾸밀 수 있을까요?
• 신호 악기를 통해 유아들을 부른다.
• 교실로 들어가 활동을 평가한다.
- 다른 친구들은 어떻게 만들었나요?
- 가장 재미있던 점은 무엇이었나요?
- 활동하면서 느낀 점은 무엇인가요?</td><td></td></tr>
<tr><td>13:40
~
14:00</td><td>하루 평가
및
귀가지도</td><td>하루를 회상하며 인사하고 귀가한다.</td><td>• 하루 일과를 회상하고 평가해 본다.
- 오늘 뭐했지?
- 엄마에게 무엇을 설명해 드릴까?
- 월요일날 무엇을 들고 와야 하지?
• 부모님과 함께 안전하게 귀가한다.</td><td></td></tr>
<tr><td>실습생 평가</td><td colspan="4">실습을 하며 선생님께서 이야기나누기를 하시는 모습을 자주 볼 수 있었는데 내가 해보던 수업과 다른 깊이감을 느낄 수 있는 기회였다. 새로 안경을 쓰고 있는 친구를 오해할 때에도 왜 안경을 쓰고 있는지 우리는 어떤 점을 주의해야 하는지 등 아이들의 눈높이에서 자세하게 하나씩 짚어 주는 모습을 보며 본받아야겠다고 생각하게 되었다. 수업 중에도 아이들과 목적을 환기하며 유아들 스스로 어떤 점을 배워 나갈지를 생각하고 유추해 보게 하며 이를 발표함으로써 사고력과 언어적인 발달을 도모하는 것을 배울 수 있는 기회였다.</td></tr>
<tr><td>지도 교사 조언</td><td colspan="4">만 5세이기 때문에 상호 작용을 할 때도 조금 어려운 단어를 사용하기도 하고 다양한 발문이 이루어져요. 상호 작용을 통해 아이들이 배우는 부분이 아주 많거든요. 그리고 어떤 활동을 하던지 우리가 왜 하는지, 왜 해야 하는지에 대한 것을 계속 짚어 주고 이야기나누고, 특히 선생님이 목적을 잃지 않아야 정확한 방향으로 진행될 거라 생각하기 때문에 저는 꼭 아이들과 목적을 상기시키는 편이에요. 목적과 방향성을 잃지 않는 멋진 교사가 되길 바라요.</td></tr>
</table>

26 주간 교육 계획안

주간 교육 계획안

생활 주제	세계 여러 나라	담임	○○○
주제	함께 보호하는 '세계문화유산'	기간	10월 17일 ~ 10월 21일
목표	세계문화유산을 지키고 보호하기 위한 여러 나라들의 협력과 노력을 안다.		
이번 주 주제 진행 내용	이번 주에는 세계문화유산의 가치를 지키고 후손들에게 전해 주기 위한 노력들을 알아보고자 합니다. 먼저, 세계문화유산이 지금까지 남아 있는 이유는 무엇일지 토의해 보며, 세계문화유산을 선정하고 관리하는 기관인 '유네스코'의 구체적인 역할에 대해 알아봅니다. 그리고 유네스코뿐만 아니라 세계문화유산을 함께 지키고 보호하는 수많은 나라들과 사람들의 노력을 살펴봄으로써 감사하는 마음을 가져 봅니다. 또한 우리도 세계문화유산을 지키기 위해 할 수 있는 일을 알고, 보호의 필요성을 주변에 알리거나 자연환경을 깨끗하게 유지하는 것 등 작은 부분부터 실천해 봅니다. 이러한 활동을 통해 유아들은 세계문화유산의 소중함을 이해하고, 함께 노력하여 지켜 나가는 것의 중요성을 알게 될 것입니다.		

<table>
<tr><th colspan="2">날짜</th><th>10/17(월)</th><th>10/18(화)</th><th>10/19(수)</th><th>10/20(목)</th><th>10/21(금)</th></tr>
<tr><td colspan="2">소주제
활동</td><td colspan="3">세계문화유산을 지키는 '유네스코'</td><td>세계 여러 나라가 함께 보호해요</td><td>세계문화유산을 지키는 방법</td></tr>
<tr><td rowspan="8">자유선택활동</td><td>쌓기놀이 영역</td><td colspan="5">• 세계 여러 나라의 문화유산(피라미드, 오페라하우스, 만리장성)</td></tr>
<tr><td>역할놀이 영역</td><td colspan="5">• 나는야 '세계문화유산 지킴이'</td></tr>
<tr><td>언어 영역</td><td colspan="5">• 유네스코에서 하는 일(읽기) • 세계문화유산을 지키는 방법(말하기)</td></tr>
<tr><td>수 · 조작 영역</td><td colspan="5">• 다양한 도형으로 만드는 세계문화유산 (도형)
• 세계문화유산의 길이, 높이 순서대로 (서열)</td></tr>
<tr><td>과학 영역</td><td colspan="5">• (컴퓨터)유네스코 세계문화유산을 검색해요</td></tr>
<tr><td>미술 영역</td><td colspan="5">• 세계문화유산 이어 그리기</td></tr>
<tr><td>음률 영역</td><td colspan="5">• (음악 감상)세계문화유산으로 지정된 다양한 '음악'들</td></tr>
<tr><td>도서 영역</td><td colspan="5">• 그림 지도로 보는 세계 여러 나라 • 벌거벗은 임금님</td></tr>
<tr><td></td><td>이야기나누기</td><td colspan="2">(토의)세계문화유산이 지금까지 남아 있는 이유</td><td>문화유산의 수호자 '유네스코'</td><td>모두가 협력해 보호하자, 문화유산!</td><td>우리도 할 수 있어요. 문화유산 보호!</td></tr>
</table>

대·소집단활동	동화·동시·동극	**동화** 배고픈 외투	**동화** 이야기가 있는 그림책	**전래동화** 금빛 구슬	**동극** 배고픈 외투	**동화** 황금 거위
	음악		**새노래** 커다란 꿀밤 나무 아래서 (미국 민요)			
	수과학·요리		**수학** 세계문화유산과 관련된 다양한 숫자들			**과학** 세계문화유산의 변화
	신체·게임	**신체** 몸으로 만들어 보는 세계문화유산		**체육** 집중력 향상 운동	**게임** 세계문화유산을 완성해요	
	미술				**공동미술** 세계문화유산의 소중함을 알려요(포스터)	
	견학·산책					**견학** 다문화 도서관
바깥놀이 활동		세계 여러 나라의 민속놀이를 해요				
특별 활동				다문화의 날 / 영양교육		
기본 생활 습관		청결: 내 주변의 쓰레기 주워 버리고 정리하기 / 예절: 바르게 인사하기				
안전교육		• (교통안전)대중교통을 이용할 때의 안전 약속을 알아봐요 • (시설 및 도구)엘리베이터를 이용할 때의 약속				
창의·인성교육		인성-존중-다른 사람들과 다른 문화에 대한 존중-(새노래) 커다란 꿀밤 나무 아래서				
새소식		• 19일(수)은 다문화의 날입니다. 다문화 선생님과 캄보디아의 문화유산에 대해 알아봅니다. • 19일(수)은 '세계 여러 나라의 음식'이라는 주제로 영양사 선생님과 영양교육을 합니다.				

27 월간 교육 계획안

월간 교육 계획안

- 생활 주제: 세계 여러 나라
- 목표: 세계 여러 나라의 역사와 예술에 관심을 가지고 알아보며, 여러 나라의 문화를 존중하는 태도를 기른다.
  세계문화유산을 지키기 위한 여러 나라의 노력을 알고, 세계는 서로 돕고 협력하며 살아간다는 것을 느낀다.
- 기간: 20○○년 ○○월 ○○일~○○월 ○○일

기간		1주 (10/3~10/7)	2주 (10/10~10/14)	3주 (10/17~10/21)	4주 (10/24~10/28)
주제		세계 여러 나라의 문화	세계 여러 나라의 문화유산	함께 보호하는 '세계문화유산'	우리가 만드는 '세계문화유산'
주제 목표		다양한 나라의 역사와 예술을 통해 세계 여러 나라가 갖는 문화와 생활 모습에 관심을 갖는다.	'문화유산'의 의미를 알고 세계 여러 나라의 문화유산을 살펴보며 그 가치를 이해한다.	세계문화유산을 지키고 보호하기 위한 여러 나라들의 협력과 노력을 안다.	우리 반의 문화를 담은 '유산'을 만들어 보며 협동심과 창의성을 기른다.
자유선택활동	쌓기놀이 영역	• 세계 여러 나라로 떠날 수 있는 공항 구성하기	• 우리나라의 문화유산을 만들어요 (화성, 창덕궁)	• 세계 여러 나라의 문화유산(피라미드, 오페라하우스, 만리장성)	
	역할놀이 영역	• 세계 여행을 떠나요	• 세계문화유산 안내 가이드가 되어요	• 나는야 '세계문화유산 지킴이'	• 우리 반 전시회의 소개자가 되어 봐요
	언어 영역	• 세계 여러 나라의 전래 동화 • 세계의 건축물	• 세계문화유산 선정 기준 • 다양한 문화유산들	• 유네스코에서 하는 일 • 세계문화유산을 지키는 방법	• 우리 반 문화유산의 이름 • 우리 반 문화유산의 소개글을 녹음해요
	수·조작 영역	• 다른 나라의 의식주 • 여러 나라의 명화 퍼즐	• 세계문화유산을 찾아라 • 세계문화유산 바느질	• 다양한 도형으로 만드는 세계문화유산 • 세계문화유산의 길이, 높이 순서대로	• 세계문화유산과 나라 대응하기 • 대륙별 세계문화유산의 수를 세어요
	과학 영역	• 다양한 국기들을 살펴봐요	• 유네스코 세계문화유산을 검색해요		• 세계문화유산들의 특징을 비교해요
	미술 영역	• 다양한 나라, 다양한 음식들을 만들어요	• 세계문화유산 이어 그리기		• 우리 반 문화유산에게 남기는 롤링 페이퍼

	음률 영역	• 세계의 아침 인사	• 세계 여러 나라의 동요	• 세계문화유산으로 지정된 다양한 '음악'들	
	도서 영역	• 재주 많은 삼형제 • 여러 나라 이야기 • 펠릭스의 세계 여행	• 유네스코 선정 한국의 세계문화유산 • 위인 이야기	• 그림 지도로 보는 세계 여러 나라 • 벌거벗은 임금님	• 세상이 깜짝 놀란 세계문화유산 • 피라미드는 왜 뾰족할까요?
대·소집단활동	이야기 나누기	• (토의)우리가 만약 다른 나라 사람이 된다면? • 다른 나라의 옛이야기 • 세계 속 아름다운 미술과 건축물 • 세계 사람들이 즐기는 음악과 춤	• '문화유산'이 궁금해요 • 우리나라의 문화유산 • 세계 여러 나라의 문화유산을 조사해요 • 다양한 형태의 세계문화유산	• (토의)세계문화유산이 지금까지 남아 있는 이유 • 문화유산의 수호자 '유네스코' • 모두가 협력해 보호하자, 문화유산! • 우리도 할 수 있어요, 문화유산 보호!	• 우리도 문화유산을 남길 수 있어요 • (토의)우리 반의 문화를 담은 유산을 남기는 방법 • 우리가 만든 세계문화유산을 감상해요 • '우리 반 문화유산' 전시회를 마치고
	동화/동시/동극	동화 • 세계의 사람들 • 세계로 갈래요 • 요술 램프 • 세계 노래 그림책	동화 • 걸리버 여행기 • 얘들아, 안녕 • 동그란 지구의 하루 • 나라가 생긴 이야기가 있어요 • 초가집 참새 둥지	동화 • 이야기가 있는 그림책 • 배고픈 외투 • 황금 거위 • 금빛 구슬 동극 • 배고픈 외투	동화 • 신데렐라 • 오즈의 마법사 • 여기가 우리 집이라면 • 세상의 모든 어린이들 • 흥부와 놀부전
	음악	• (새노래)세계의 아침 인사	• (악기 연주)다른 나라 악기로 연주하는 '세계의 아침 인사'	• (새노래)커다란 꿀밤 나무 아래서	• (율동)커다란 꿀밤 나무 아래서
	수·과학/요리	• (요리)인도 '사모사' • (과학)건축물에 숨은 비밀	• (수학)세계문화유산이 있는 나라를 찾아요 • (과학)'화성'을 만들었던 거중기의 원리	• (수학)세계문화유산과 관련된 다양한 숫자들 • (과학)세계문화유산의 변화(위험에 처한 세계문화유산)	• (수학)우리 반 문화유산을 정해요(투표)
	신체/게임	• (신체)세계 여러 나라의 춤을 즐겨요 • (게임)필리핀의 전통놀이 '티니클링'	• (신체)조각상으로 변해라 • (게임)세계문화유산을 찾아요	• (신체)몸으로 만들어 보는 세계문화유산 • (게임)세계문화유산을 완성해요	• (신체)동생들에게 소개하는 우리 반 문화유산 • (게임)세계문화유산 지도 구성하기

	미술	• (명화 감상)브뤼헬 '아이들의 놀이'	• (미술)세계문화유산 세밀화	• (공동 미술)세계문화유산의 소중함을 알려요(포스터)	• (공동 미술)우리 반 문화유산 만들기
	견학/산책	• (산책)자연물로 세계의 건축물 만들기		• (산책)세계문화유산의 소중함을 주변에 소개해요	• (산책)세계문화유산 보물찾기
바깥놀이 활동		• 우리나라에 숨은 여러 나라의 모습을 찾아요	• 세계 여러 나라의 민속놀이를 해요		• 자연물을 이용한 다른 나라의 놀이
환경 구성		• 세계 지도와 세계 여러 나라의 의복을 입은 유아들 게시	• 세계문화유산 테두리만 따서 벽면 부착 • 유네스코에 등재된 우리나라의 문화유산 정보 제시		• 우리 반 문화유산을 위해 준비한 과정 사진들과 결과품 게시
기본 생활 습관		• 청결: 내 주변의 쓰레기 주워 버리고 정리하기 • 예절:바르게 인사하기			
안전교육		• (약물 오남용)우리 몸에 해로운 식품 첨가물 • (성폭력 및 예방) 싫어요! 안 돼요! 하지 마세요!	• (폭력 및 신변 보호) 생명은 소중해요 • (재해, 재난 대비/응급 처치)바다에서 지진이 났어요(해일)	• (교통안전)대중교통을 이용할 때의 안전 약속을 알아봐요. • (시설 및 도구)엘리베이터를 이용할 때의 약속	• (교통안전)다른 사람의 차를 조심해요 • (미디어 안전)미디어 약속 정하기
가정 및 지역 사회 연계		• 세계 여러 나라의 문화에 관심을 갖고 개방적으로 사고하도록 가정에서 자원을 지원받아 교육 활동에 활용하기 • 다문화교육 시간을 통해 모든 국가의 문화에는 고유한 특징이 있음을 알 수 있도록 돕기			
창의 · 인성 교육		• 창의-동기적 요소-몰입-(과학)건축물에 숨은 비밀 • 창의-인지적 요소-사고의 확장-(수학) 세계문화유산이 있는 나라를 찾아요		• 인성-존중-다른 사람들과 다른 문화에 대한 존중-(신체)조각상으로 변해라 • 인성-협력-집단 협력-(공동 미술)우리 반 문화유산 만들기	
특별한 날들		• (10/4)석학 안전의 날 • (10/7)석학 마라톤	• (10/15)가족 참여 수업	• (10/19)다문화 수업 • 영양교육 • 교육과정 상담 기간	• 방과후과정 상담 기간
다문화교육		캄보디아-캄보디아의 문화유산에 대해 알아보기			

28 연간 교육 계획안

연간 교육 계획안

• 해당 실습 기관의 계획안을 그대로 사용해도 됩니다.

생활 주제	주제	지역 연계 및 견학	행사
우리들의 유치원 (3/2~4/1)	나는 유치원에 다녀요 유치원이 좋아요 즐겁고 안전한 유치원 생활 서로의 이야기에 귀 기울여요	〈안산대학교 역사관〉 〈자원 인사 초청〉 원장님, 원감님	• 입학식 • 안전의 날 • 개원 기념일 • 연령별 교육과정 부모교육
날씨 (4/4~4/29)	날씨를 알려 주는 '일기 예보' 다양한 날씨들 봄 날씨 알기 건강한 봄을 지내요	〈수도권 기상청〉 〈자원 인사 초청〉 안산환경운동연합	• 안전의 날 • 학부모 개별상담 • 장애인의 날: 장애이해교육 • 봄 소풍 • 조부모교육
가족 (5/2~5/27)	가족의 특별한 날들 가족의 생활 가족의 문화 협력하는 우리 가족	〈다문화센터〉 〈경기도 미술관〉	• 어린이날 행사 • 안전의 날 • 소그룹 부모교육 • 가족 체험 활동 • 석학 동문회 • 석학 월드컵
우리동네시장 (5/30~7/1)	우리 동네 지도 우리 동네 시장 우리유치원 화폐 아나바다	〈홈플러스/롯데마트〉 〈농수산물 시장〉	• 안전의 날 • 우리 문화 즐기기: 단오 • 부모교육: 성교육 • 시장놀이
여름 (7/4~7/22)	우리생활과 여름 여름철 위생과 안전 건강튼튼 여름나기	〈안산클린투어〉 〈갈대 습지 공원〉	• 안전의 날 • 아버지 부모교육 • 연령별 여름 체험 활동 • 여름 방학
즐거웠던 여름 방학 (8/15~8/26)	개학을 했어요 나의 여름 이야기	〈노적봉폭포공원〉	• 개학 • 연령별 체험 활동 • 유초 연계 부모교육

우리나라 (8/29~9/30)	우리나라 선조들의 생활 우리나라의 문화 예의 바른 우리나라: 예절 예의 바른 우리나라: 효	〈안산행복예절관〉 〈국립과천과학관 중 전통 과학관〉 〈자원 인사 초청〉 예절교육 강사	• 안전의 날 • 우리 문화 즐기기: 추석 • 가을 소풍 • 부모교육
세계여러나라 (10/3~10/28)	세계 여러 나라의 문화 세계 여러 나라의 문화유산 함께 보호하는 '세계문화유산' 우리가 만드는 '세계문화유산'	〈수원화성〉 〈다문화 홍보 학습관〉	• 안전의 날 • 마라톤 대회 • 가족 참여 수업 • 학부모 개별상담
책 (10/31~11/25)	책의 구성 재미있는 이야기가 있는 책 가고 싶은 '도서관' 함께 하는 '도서관'	〈대동서적〉 〈중앙어린이도서관〉 〈자원 인사 초청〉 안산대학교 도서관 사서, 책 표지 디자이너 혹은 일러스트레이터	• 안전의 날 • 연령별 자연 체험 • 원아모집 설명회 • 원아 모집 추첨 • 아버지 부모교육
나눔과 감사 (11/28~12/23)	내가 받은 사랑과 감사 감사한 마음을 나눠요 우리는 나눔 천사 사랑이 넘치는 크리스마스	〈굿 파트너즈〉 〈자원 인사 초청〉 안산희망재단	• 안전의 날 • 우리 문화 즐기기: 동지 • 석학 가족의 밤 • 겨울 방학
초등학교에 가요 (1/23~2/17)	초등학생이 되었어요 초등학교의 생활 즐거웠던 유치원 졸업	〈호동초등학교〉 〈자원 인사 초청〉 석학 유치원 졸업생 (초등학생)	• 안전의 날 • 화정 영어마을 • 졸업, 수료식

29 현장실습비 지급 영수증

현장실습비 지급 영수증

안녕하십니까?

저희 ○○ 대학교 유아교육과에서는 유치원 학교 현장실습을 귀 기관에 의뢰하게 되었습니다.

학교 현장실습 기간은 20 년 월 일 월요일부터 20 년 월 일까지 총 4주입니다.

학교 현장실습 의뢰를 허락하여 주신 원장님께 깊은 감사를 드립니다.

실습의 중요성을 감안하여 ○○대학교에서는 학교 현장실습비가 1인당 1만 원씩으로 책정되었습니다.

학교 현장실습비로는 부족하지만 원장님께서 우수한 교사를 양성하고 아울러 유아교육 사업에 기여한다는뜻으로 널리 양해하여 주시기 바랍니다.

다시 한 번 실습을 허락하여 주신 원장님과 선생님들께 감사드리며, 저희 학생들의 지도를 부탁드립니다.

대학교 유아교육과 교수 일동

영수증

학교 현장실습비: 원정 (명 X 원)

위의 금액을 학교 현장실습을 위한 실습지도비로 정히 영수함.

20○○년 월 일

유치원 원장 (직인)

○○ 대학교 귀하

SUPPLEMENT

보육실습

보육 현장실습 의뢰 공문 예시(실습 의뢰서) | 보육실습생 신상 카드 | 보육실습생 자기소개서 | 보육실습생 서약서 | 보육실습 동의서 | 실습 학기제 표준 협약서 | 보육실습 확인서 | 보육실습생 평가 기준표 | 보육실습생 연구 수업 평가서 | 보육실습 결과 보고서 | 실습생 출근부 | 실습 기관 현황 | 보육실습 기관 현황 | 6주 연속형 보육실습 예시안 | 분리형 보육실습 예시안 | 보육실습일지 1 | 보육실습일지 2 | 주간 보육 계획안 | 월간 보육 계획안 | 연간 보육 계획안 | 실습비 영수증 | 성범죄 경력 조회 및 아동 학대 관련 범죄 전력 조회 동의서

① 보육 현장실습 의뢰 공문 예시(실습 의뢰서)

"개인정보 유출은 인권침해"

00 대학교

수신자 수신처 참조
(경유)
제목 보육실습 지도 의뢰

1. 귀 어린이집의 발전을 기원합니다.

2. 본 대학 000과에서는 현장에서 필요로 하는 능력을 갖춘 전문교사를 양성하고자 보육실습을 주요교과목으로 운영하고 있습니다. 이러한 교육계획을 실천하기 위하여 귀 어린이집에 아래와 같이 재학생의 보육실습 과목의 실습지도를 의뢰하오니 여러 가지 업무에 바쁘실 줄 아오나 후배교사를 양성하여 주시는 뜻으로 부디 허락하여 주시면 감사하겠습니다.

가. 실습기간 : 월 일 ~ 월 일
나. 실습시간 : 오전 9시 ~ 오후 6시(연속 6주, 240시간 이상)
다. 실습지도교사 : 보육교사 1급 또는 유치원 정교사 1급
실습지도교사 1명당 실습생 3명 이내지도

3. 본교 양식의 보육실습 수락서는 원본으로 회신 바랍니다.

4. 귀 어린이집 보육실습 배정 명단은 첨부내용과 같습니다.

첨부 : 1. 실습생 명단 1부
2. 보육실습 수락서(양식) 1부. 끝.

000 학 과 장

수신처 : 00어린이집

학과조교 유아교육과장

시행 00과- (20 . . .) 접수 (20. . .)
우 431-715 경기도 시 구 동 (관 층) / www.00.ac.kr
전화 (031)00-0000 전송 (031)000-0000 / 000@000.ac.kr / 공개

❷ 보육실습생 신상 카드

보육실습생 신상 카드

<table>
<tr><td rowspan="2">성명</td><td>한글</td><td>(여)</td><td rowspan="5">(사진)</td></tr>
<tr><td>한자</td><td></td></tr>
<tr><td>주민등록번호</td><td colspan="2"></td></tr>
<tr><td>소속 대학</td><td colspan="2"></td></tr>
<tr><td>집 주소</td><td colspan="2"></td></tr>
<tr><td rowspan="3">학력</td><td colspan="2"></td><td>고등학교</td></tr>
<tr><td colspan="2"></td><td></td></tr>
<tr><td colspan="2"></td><td></td></tr>
<tr><td>보육 관련
이수 교과목</td><td colspan="3">• 이수 완료 교과목:
• 이수 예정 교과목:</td></tr>
<tr><td rowspan="3">비상 연락처</td><td colspan="3">집 전화:</td></tr>
<tr><td colspan="3">본인 휴대폰:</td></tr>
<tr><td colspan="3">비상시 연락 휴대폰: (관계:)</td></tr>
<tr><td>e-mail 주소</td><td colspan="3"></td></tr>
<tr><td colspan="4">위의 사항이 틀림없음을 확인합니다.
년 월 일

본인 서명 (인)

원장 귀하</td></tr>
<tr><td colspan="4">개인 정보 수집 · 이용 동의</td></tr>
<tr><td colspan="4">보육실습생 관리를 위하여 '개인정보보호법'에 따라 개인 정보 수집 · 이용에 대한 내용을 알려드리오니 동의하여 주시기 바랍니다.
[법률 근거] 개인정보보호법 제15조 '개인정보의 수집 · 이용'에 관한 법률
[수집 · 이용 항목] 이름, 주민등록번호, 연락처(전화번호, 휴대폰 번호), 이메일, 주소
[수집 · 이용 목적] 보육실습생 관리를 위한 목적으로 이용되며, 수집한 개인 정보는 다른 목적으로 사용되지 않습니다.
[이용 및 보유 기간] 보육실습이 종료되는 시점에 수집한 개인 정보는 폐기됩니다.
[동의 거부 및 불이익] 위의 개인 정보 수집 · 이용에 관한 내용에 동의하지 않는 경우에는 보육실습이 불가합니다.

◇ 동의함 ◇ 동의하지 않음

실습생: (인)</td></tr>
</table>

보육실습생 자기소개서

학번: ________ **이름:** ______________

1. 성장 과정(○○과에 지원하게 된 동기)
2. 성격의 장단점
3. 기타 실습지도상 원하는 사항이나 건의 사항

4 보육실습생 서약서

보육실습생 서약서

성명:

소 속: ○○ 대학교 ○○○과

상기 본인은 귀 어린이집의 보육실습생으로서 보육실습의 목적과 중요성을 충분히 이해하고 어린이집의 제반 규정을 성실히 준수하여 보육 능력 향상에 최선을 다할 것을 서약합니다.

20○○년 월 일

보육실습생: ___________ (인)

___________ 어린이집 원장 귀하

⑤ 보육실습 동의서

보육실습 동의서

학생 정보					
성명		학과		학번	
보육실습 기간	20 년 월 일 ~ 20 년 월 일 (연속 6주 240시간 이상)				
집 주소					
개인 연락처			e-mail 주소		
보육실습 기관 정보					
보육실습 기관명	어린이집 (정원: 명)		보육실습 기관 원장명		
기관 주소					
전화번호			팩스		
평가 인증 여부	① 예( ), ② 아니오 ( )				
보육실습 지도 교사	이름:		보육 교사 1급 ( ) 유치원 정교사 1급 ( ) ※ 해당 자격에 'ㅇ'표 하세요.		

위 학생이 본 기관에서 보육실습을 수행함에 동의합니다.

20 년 월 일

실습 기관 원장: (서명 또는 인)

실습 학기제 표준 협약서

제1조(목적) 이 실습 학기제 협약서는 _____ 대표 (이하 "실습 기관"이라 한다)과 실습 학기제생 ____(이하 "학생"이라 한다)과(와) ㅇㅇ대학교(이하 "대학"이라 한다) 상호 간의 실습 학기제 교육에 관한 필요한 사항을 정하고, 이를 성실하게 준수할 것을 약정함을 그 목적으로 한다.

제2조(교육 기간 및 장소) 실습 학기제 교육(이하 "교육"이라 한다) 기간은 20　년　월　일부터 20　년　월　일까지 (6주)로 하며, 교육 장소는 "실습 기관"의 현장 시설을 이용하되 사전에 상호 협의한다.

제3조(교육방법 및 내용) 교육은 "실습 기관"과 "대학"이 협의하여 작성한 현장실습 수행 계획에 따라 실시하며 "대학"은 실습 계획, 준수 사항, 관련법 등을 포함한 사전 교육을 실시하고 수강 신청 처리한다.

제4조(실습 기관의 의무) "실습 기관"은 교육이 내실 있게 실시될 수 있도록 다음 각호의 사항을 준수하여야 한다.

1. "학생"의 전공과 희망을 고려하여 배치하고 교육에 필요한 시설, 장비 등을 제공하여 다양하고 폭넓은 현장 경험을 쌓을 수 있도록 최선의 기회를 제공한다.
2. 교육을 지도할 능력을 갖춘 담당자를 배치하여 "학생"의 실습을 성실하게 지도한다.
3. "대학"의 현장 방문지도 및 협약 이행 여부 등을 확인하고자 할 경우 이에 협조한다.

제5조(대학의 의무) "대학"은 "학생"에 대하여 다음 각호의 사항을 주지시켜야 한다.

1. 교육 과제를 성실하고 근면하게 수행하도록 한다.
2. 교육 기간 중 "실습 기관"의 사규 및 안전 관리 규정 등 제반 수칙을 준수하도록 한다.
3. 교육을 위한 기계, 공구, 기타 장비가 파손되거나 분실되지 않도록 주의 깊게 사용하도록 한다.
4. 교육 도중 알게 된 "실습 기관"의 기밀을 누설하지 않도록 한다.

제6조(교육 기준 시간) 교육 기준 시간은 1일 8시간 이상(8시간 초과 금지), 1주 40시간, 6주를 기준으로 연속으로 운영함을 원칙으로 한다(보육 교사 자격 취득을 위한 실습으로 해당 현장실습은 6주를 필수 이수해야 함).

제7조(수당) "실습 기관"과 "대학"의 합의에 의하여 공휴일 포함 6주 기준 0원정으로 하되, 월 단위로 지급한다. 단, 시간 외 근무 또는 공휴일 특별 근무에 따른 수당은 계약 시 "실습 기관"과 "대학"의 협의에 의한다.

제8조(보험의 부담 등) "실습 기관"은 "학생"이 교육에 의해 재해를 입은 경우 사업재해보상보험법에 의한 보상금 청구 절차 이행에 필요한 서류의 제출 등 적극 협조하여야 한다.

제9조(교육의 평가) "실습 기관"은 "대학"이 정한 기준에 따라 "학생"의 교육 및 출근 상황 등에 대한 실습 기관 평가서를 교육 종료 즉시 "대학"에 제출하며 "대학"은 기준에 따라 학점을 부여한다.

제10조(제경비 지원) 교육 기간 동안 발생하는 제경비는 "실습 기관" 및 "학생" 부담을 원칙으로 한다.

제11조(교육 협약의 해지) "실습 기관"과 "학생"은 교육 기간 동안에 협약을 해지해야 할 부득이한 사유가 있을 때에는 협약 당사 간의 협의에 의해 해지할 수 있으며, 이 경우 협약 해지일 10일 전까지 협약 당사자에게 그 사실을 통보하여야 한다.

제12조(기타) 이 협약서에 명시되지 아니한 사항에 대하여는 대학생 현장실습 운영 규정 및 상호 협의를 준용한다.

본 협약서는 3부를 작성하여 기명 날인 후
"실습 기관", "학생", "대학"이 각 1부씩 보관한다.

20ㅇㅇ년　　월　　일

실습 기관		학생		대학
기관명:		학번:		ㅇㅇ대학교
주소:		이름:		총장
대표자:	(인)		(인)	(인)

7 보육실습 확인서

보육실습 확인서

1. 실습 이수자 기본 사항

이름	생년월일	양성 교육기관명

2. 실습 기관

실습 기관명		실습 기관 보육 정원	
기관 종류		최초 인가일	년 월 일
평가 인증 유지 기간	년 월 일 ~ 년 월 일	연락처	
주소			

3. 실습지도 교사

이름	자격 종류	자격 번호

4. 실습 기간

실습 기간	년 월 일 ~ 년 월 일(주간)
실습 시간	총 시간(매주 요일 ~ 요일까지, 오전 시 ~ 오후 시)

위 사람은 영유아보육법 시행 규칙 제12조 제1항에 따른 보육실습 기준을 준수하여
보육실습을 충실히 이수하였음을 확인합니다.

년 월 일

어린이집의 원장 (서명 또는 인)

학과장 (서명 또는 인)

※ 첨부 서류

1. 실습 기관 시설 인가증 사본 1부 2. 보육실습지도 교사 자격증 사본 1부 3. 실습지도 교사 1인당 3명 이내의 보육실습생 지도 확인서

단, '13. 3. 1.이후 「어린이집지원시스템」을 통하여 보육실습 확인서를 출력한 경우 첨부 서류를 제출하지 않아도 됨

※ 기관 종류: 어린이집, 교육과정과 방과후과정을 운영하는 유치원 중 선택

자격 종류: 보육 교사 1급, 유치원 정교사 1급 중 선택

보육실습생 평가 기준표

○○대학 ○○학과

평가 사항	평가 사항	배점
근무 태도 (10%)	1. 출근은 잘하고 있는가? 2. 보육실습 기간 동안 근면하였는가?	5점 〃
자질 (15%)	1. 직무에 대한 책임감이 강하며 성실하게 임하고 있는가? 2. 영유아 아동에 대한 관심과 이해가 있는가? 3. 인화, 협동하며 신망을 받고 있는가? 4. 용모, 언행이 단정한가? 5. 교육적 신념을 가지고 활동이 적극적인가?	3점 〃 〃 〃 〃
학습지도 능력 (50%)	1. 수업지도를 위한 교재 연구는 충실히 했는가? 2. 수업지도를 위한 자료 준비는 충분한가? 3. 언어 사용이 분명하고 자발적 학습 의욕을 갖도록 동기 유발이 잘되었는가? 4. 영유아의 개인차에 따른 지도를 하였는가? 5. 영유아 심리를 잘 파악하여 교사와 영유아 상호 간의 협력적인 수업을 전개하고 있는가? 6. 자료 제시는 조직적이며 조리있게 되었는가? 7. 활동적이고 효과적인 학습을 하였는가? 8. 영유아들의 관찰 결과를 지도에 활용하였는가? 9. 영유아의 활동에 대한 평가 방법은 적절한가? 10. 평가 결과를 잘 처리하여 학습에 도움을 주었는가?	5점 〃 〃 〃 〃 〃 〃 〃 〃 〃
연구 조사 활동 (15%)	1. 제반 업무에 창의성을 발휘하였는가? 2. 스스로 알려고 하는 연구적 태도를 가졌는가? 3. 제반 활동에 대한 기록을 잘하고 있는가? 4. 교직에 대한 이론은 정립되었는가? 5. 알고 있는 이론을 적용하려고 노력하는가?	3점 〃 〃 〃 〃
학급 경영 및 사무 처리 능력 (10%)	1. 실내 · 외 정리 정돈과 위생적인 환경 구성을 배려했는가? 2. 보육실습일지는 정확히 기입하여 그 보관에 신중을 기했는가?	5점 〃
총평 (100%)		

보육실습생 연구 수업 평가서

연구 수업생		연구 수업일자	년 월 일( )
연구 수업 대상			
주제			
평가자	평가 내용		
원장			
원감			
지도 교사			

보육실습 결과 보고서

1. 실습 기관:

2. 실습 기간: 20ㅇㅇ년 월 일 ~ 20ㅇㅇ년 월 일(6주간)

3. 지도 교사

직명	성명	담당 내용	비고

4. 실습 내용

1주	2주	3주	4주

5. 실습 상황

실습생 성명	학과명	근무 태도 (10%)	자질 (15%)	학습지도 능력 (50%)	연구 조사 활동 (15%)	학급 경영 및 사무 처리 능력 (10%)	총점	비고

위 사실을 증명함.

년 월 일

__________________ 원장 (직인)

ㅇㅇㅇ 대학교 ㅇㅇㅇㅇ과 학과장

⑪ 실습생 출근부

실습생 출근부

소속:		학번: 이름: ○ ○○
실습 기관	○○○ ○세 ○○반	실습지도 교사: ○○○
실습 기간	20 . . ~ 20 . .	(총 주간)

구분	월	화	수	목	금
실습생	㊞	㊞	㊞	㊞	㊞
실습지도 교사	㊞	㊞	㊞	㊞	㊞
날짜	월 일 시 분부터 시 분까지	월 일 시 분부터 시 분까지	월 일 시 분부터 시 분까지	월 일 시 분부터 시 분까지	월 일 시 분부터 시 분까지
실습생	㊞	㊞	㊞	㊞	㊞
실습지도 교사	㊞	㊞	㊞	㊞	㊞
날짜	월 일 시 분부터 시 분까지	월 일 시 분부터 시 분까지	월 일 시 분부터 시 분까지	월 일 시 분부터 시 분까지	월 일 시 분부터 시 분까지
실습생	㊞	㊞	㊞	㊞	㊞
실습지도 교사	㊞	㊞	㊞	㊞	㊞
날짜	월 일 시 분부터 시 분까지	월 일 시 분부터 시 분까지	월 일 시 분부터 시 분까지	월 일 시 분부터 시 분까지	월 일 시 분부터 시 분까지
실습생	㊞	㊞	㊞	㊞	㊞
실습지도 교사	㊞	㊞	㊞	㊞	㊞
날짜	월 일 시 분부터 시 분까지	월 일 시 분부터 시 분까지	월 일 시 분부터 시 분까지	월 일 시 분부터 시 분까지	월 일 시 분부터 시 분까지
실습생	㊞	㊞	㊞	㊞	㊞
실습지도 교사	㊞	㊞	㊞	㊞	㊞
날짜	월 일 시 분부터 시 분까지	월 일 시 분부터 시 분까지	월 일 시 분부터 시 분까지	월 일 시 분부터 시 분까지	월 일 시 분부터 시 분까지

결근 일수:
출근 일수:
총 실습 일수:

※ 결석 · 지각 · 조퇴는 불가하며, 불가피할 경우 위의 기재된 실습 기간 중 법적 이수 시간을 준수하여 보충하도록 한다.

⑫ 실습 기관 현황

실습 기관 현황

기관명		유형		운영체	
주소					
전화번호				원장명	
설립 이념					
연혁					
기관 특성	특수교육 서비스(장애 통합) 기타 사항: 유치원 평가, 어린이집 평가 인증 통과 년도(　　　)				

연령별 반	0세	1세	2세	3세	4세	5세	기타 종사자 수	사무원	취사부	영양사	간호사	기타
원아 수												
교사 수												

실습반 현황

반명	반 (만　　세)	실습지도 교사명	
영유아 수	총　　명 (남아　명/여아　명)	교사 수	명

보육실습 기관 현황

기관명	
원훈	
보육 목표	
교직원 조직 및 학급 편성	

(1) 교직원 조직

직위	인원
원장	명
원감	명
주임 교사	명
교사	명
사무직원	명
기타	명
계	명

(2) 학급 편성

반명	인원
	명
	명
	명
	명
	명
	명
계	명

연혁	
주소	
전화번호	
약도	

6주 연속형 보육실습 예시안

<table>
<tr><th colspan="2">주</th><th>1일차</th><th>2일차</th><th>3일차</th><th>4일차</th><th>5일차</th></tr>
<tr><td colspan="2">사전 방문과 교육</td><td colspan="5">• 사전 방문하여 실습 오리엔테이션을 실시함
• 보육실습 일정과 내용, 준비물, 준비 서류 및 기타 유의 사항 협의</td></tr>
<tr><td>사전 참여 실습</td><td>1주</td><td colspan="5">• 어린이집의 운영 철학 및 서비스 등의 특징 파악
• 어린이집 보육 교직원들과 친밀감 형성
• 모든 연령의 반 참여 관찰: 일과 운영, 보육 환경, 영유아-교사 상호 작용 등 영아반과 유아반 고르게 경험(실습 기관의 지침에 따라 순서는 융통성 있게 운영)
• 보육실습일지 작성과 지도 교사의 평가</td></tr>
<tr><td rowspan="8">활동 운영 실습</td><td rowspan="2">2주</td><td colspan="5">• 실습반 영유아와 친밀감 형성하기
• 보육실습생으로서의 역할 수행</td></tr>
<tr><td colspan="2">• 실습반 관찰(일과 운영, 보육 환경, 영유아-교사 상호 작용 등)</td><td colspan="3">• 3주차 영역별 보육 활동 선정 및 계획안 제출과 지도 교사의 평가</td></tr>
<tr><td rowspan="2">3주</td><td></td><td>영역별 보육 활동 실습</td><td></td><td>영역별 보육 활동 실습</td><td></td></tr>
<tr><td></td><td>자기 평가, 지도 교사 평가</td><td>영역별 보육 활동 선정</td><td>자기 평가, 지도 교사 평가</td><td>연계 활동 계획안 제출</td></tr>
<tr><td rowspan="2">4주</td><td></td><td>연계 활동 실시</td><td></td><td></td><td></td></tr>
<tr><td>연계 활동 자료 준비 및 제작</td><td>자기 평가, 지도 교사 평가</td><td colspan="2">반일(일일)보육 계획 협의</td><td>반일(일일) 보육 계획안 제출</td></tr>
<tr><td rowspan="2">5주</td><td></td><td></td><td>일일(반일) 보육 활동 실시</td><td rowspan="2"></td><td rowspan="2"></td></tr>
<tr><td colspan="2">일일(반일) 보육 활동 자료 점검</td><td>자기 평가, 지도 교사 평가</td></tr>
<tr><td>사후 참여 실습</td><td>6주</td><td colspan="3">• 참여 관찰(일과 운영, 보육 환경, 영유아-교사 상호 작용 등)
• 보육실습 교사 역할 수행하기
• 보육 실습일지 작성 및 참관 경험에 대한 저널 작성하기</td><td>최종 어린이집 실습 평가회 (원장, 지도 교사 등의 참여)</td><td>실습일지 및 기타 실습 관련 서류 제출</td></tr>
</table>

출처: 이미화, 강은진, 김은영, 김길숙, 엄지원(2014).

⑮ 분리형 보육실습 예시안

분리형 보육실습 예시안

<table>
<tr><th colspan="2">주</th><th>1일차</th><th>2일차</th><th>3일차</th><th>4일차</th><th>5일차</th></tr>
<tr><td colspan="2">사전 방문과 교육</td><td colspan="5">• 사전 방문하여 실습 오리엔테이션을 실시함
• 보육실습 일정과 내용, 준비물, 준비 서류 및 기타 유의 사항 협의</td></tr>
<tr><td>사전 참여 실습</td><td>1주</td><td colspan="5">• 어린이집의 운영 철학 및 서비스 등의 특징을 파악하기
• 어린이집 보육 교직원들과 친밀감 형성하기
• 모든 연령의 반에 참여 관찰(일과 운영, 보육 환경, 영유아-교사 상호 작용 등)
• 보조 교사로서의 역할 수행하기
• 보육실습일지 작성 및 참관 경험에 대한 저널 작성하기</td></tr>
<tr><td></td><td>2주</td><td colspan="5">• 보육 활동 운영 실습반의 관찰(일과 운영, 보육 환경, 영유아-교사 상호 작용 등)
• 보육실습 교사 역할 수행
• 실습반의 영유아와 친밀감 형성하기
• 보육실습일지 작성 및 지도 교사 평가
• 3주차 영역별 보육 활동 선정 및 계획안 제출</td></tr>
<tr><td rowspan="11">보육 활동 운영 실습</td><td rowspan="3">3주</td><td colspan="5">• 보육 활동 운영 실습반의 관찰(일과 운영, 보육 환경, 영유아-교사 상호 작용 등)
• 보육실습 교사 역할 수행
• 실습반의 영유아와 친밀감 형성하기</td></tr>
<tr><td></td><td></td><td></td><td>영역별
보육 활동 실습</td><td></td></tr>
<tr><td></td><td>영역별
보육 활동 선정</td><td></td><td>자기 평가,
지도 교사 평가</td><td>4주차 영역별
보육 활동
계획안 제출</td></tr>
<tr><td rowspan="2">4주</td><td></td><td></td><td>영역별
보육 활동 실습</td><td></td><td></td></tr>
<tr><td>영역별
보육 활동 선정</td><td></td><td>자기 평가,
지도 교사 평가</td><td>연계 활동
계획안 제출</td><td>연계 활동 자료
준비 및 제작</td></tr>
<tr><td rowspan="2">5주</td><td></td><td>연계 활동 실시</td><td></td><td></td><td></td></tr>
<tr><td></td><td>자기 평가,
지도 교사 평가</td><td colspan="2">반일(일일) 보육 계획 협의</td><td>반일(일일)
보육 계획안 제출</td></tr>
<tr><td rowspan="2">6주</td><td></td><td></td><td>일일(반일)
보육 활동 실시</td><td rowspan="2">최종 어린이집
실습 평가회
(원장,지도 교사, 지도 교수
등의 참여)</td><td rowspan="2">실습일지 및
기타 실습 관련
서류 제출</td></tr>
<tr><td colspan="2">일일(반일) 보육 활동 자료 점검</td><td>자기 평가,
지도 교사 평가</td></tr>
</table>

출처: 이미화, 강은진, 김은영, 김길숙, 엄지원(2014).

보육실습일지

실습 교사		지도 교사		원감		원장	

날짜		반 이름		대상	
생활 주제		주제			
소주제					
목표					
일과 시간표					

시간 및 활동명	활동 목표	활동 내용 및 방법	자료 및 유의점

시간 및 활동명	활동 목표	활동 내용 및 방법	자료 및 유의점
보육실습 소감 및 자기 평가			
지도 교사 조언			

〈만 1세반〉

보육실습일지		결재	실습생	지도 교사	원장
			㊞	㊞	㊞
반명	만 1세 ㅇㅇ반	일시	년 월 일 요일		
날씨	흐린 후 맑음	결석 영유아	김ㅇㅇ(감기), 박ㅇㅇ(여행)		
주제	더워요	소주제	여행 가는 놀이를 해요		

시간 및 일과	활동 계획 및 실행	평가 및 유의점
~09:00 등원 및 맞이하기	• 부모와 교사가 반갑게 인사하기 - 교사가 부모에게 인사하는 모습을 영아에게 보여 주며 영아와도 함께 인사 나누기 - 투약 의뢰서 유무를 확인 • 혼자서 양말을 벗어요 - 교사는 영아가 혼자 양말을 벗어 볼 것을 제안한 뒤 쉽게 벗을 수 있도록 양말 끝을 잡아 줌 - 스스로 시도하고 벗을 것에 대하여 'ㅇㅇ가 혼자 벗었구나'라고 격려한 뒤 서랍장에 넣는 것도 혼자 넣도록 교사가 제안함	교사가 영아 스스로 해볼 수 있도록 충분히 기다려 주거나 최소한의 도움을 주며 영아가 성취감을 느낄 수 있도록 배려함
9:00~9:20 오전 간식	• 손 씻기 및 오전 간식(롤케익, 우유) - 소독 비누를 거품을 내서 씻도록 하고 물로 씻을 때 비누가 남지 않도록 도와주기 • 즐겁게 먹어요 - 간식을 먹으며 영아에게 등원하면서 경험한 것, 가정에서의 일상을 물어 보며 관심 갖기 - 간식을 먹으며 영아의 이름을 개별로 불러 주고 눈을 마주치며 '선생님은 ㅇㅇ를 사랑해' 노래를 불러 줌	준비된 간식을 스스로 먹고 정리할 수 있도록 도움
9:20~10:20 오전 실내자유놀이	• 신체 영역: 둥근 고리 끼우기 놀이해요 - 둥근 고리를 놀잇감에 끼워 보거나 손목에 끼우고 흔들어 봄	둥근 고리를 놀잇감에 끼우는 것 보다 영아들의 손목에 끼우는 것에 더 재미를 나타냄
	• 언어 영역: 울퉁불퉁 종이에 끼적여요 - 다양한 질감의 종이에 부드럽고 무독성의 영아용 크레파스로 끼적거리기를 함	여러 질감의 종이 중 큰 벽지에 끼적거리기를 하는 것을 가장 선호함

시간 및 일과	활동 계획 및 실행	평가 및 유의점
	• 역할 · 쌓기 영역: 밀가루 반죽에 빨대를 꽂아요 - 밀가루 반죽을 소꿉 그릇에 담아 보기, 반죽을 모형 소꿉 칼로 칼집을 내서 만져 보거나 손으로 두드리기, 손가락으로 찔러 보기 등의 다양한 방법으로 촉감을 느끼도록 함 - 반죽에 빨대를 꽂고 생일 초처럼 불어 보거나 생일 축하 노래를 부르는 놀이를 함	월령이 낮은 영아가 빨대를 꽂을 때 빨대가 잘 안 꽂혀지자 교사가 함께 꽂으며 도움을 줌
10:20~10:35 정리 정돈 및 배변	• 정리 정돈 - 교사가 영역별, 영아 개별로 곧 정리할 것임을 알려 주고 노래를 부르며 정리를 시작함 - 정리 중에 뛰어 다니는 영아들이 있어 부딪히지 않도록 함께 손을 잡고 '장난감 집 찾아 주기' 놀이를 하며 영역을 둘러 봄 • 영아용 변기에서 소변 보기 - 월령이 높은 영아들 중 팬티형 기저귀를 입는 영아들은 영아용 변기에 앉아서 소변을 보도록 시도해 봄	교사는 영아용 변기에 앉는 것을 거부하는 영아에 대해 수용하며 다른 영아가 변기에 앉아 있는 것을 바라볼 수 있도록 함. 교사는 변기에 앉기를 시도하는 영아에게 미소 짓기와 긍정적인 언어로 격려해 주면서 변기에 앉는 두려움을 감소되도록 지원함
10:35~11:30 실외놀이	• 실외놀이: 모래로 놀아요 - 체를 준비하여 교사가 모래를 체로 걸러 줄 때 떨어지는 모래를 만져 보기, 걸러진 부드러운 모래 만져 보기 - 모래를 다른 친구에게 뿌리지 않도록 안전에 만전을 기함	교사는 모래를 체로 치며 영아들이 관심을 갖도록 유도함. 모래를 만지기 거부하는 영아에게는 충분히 또래 영아들의 놀이를 지켜보면서 작은통에 담긴 모래를 제시하여 만져 보도록 권유함
11:30~11:45 정리 및 손 씻기	• 정리, 손 씻기 및 이동	모래를 털고 닦는 데 시간이 오래 걸림
11:45~12:15 점심	• 점심(잡곡밥, 콩나물국, 닭양념찜, 깻잎나물, 김치) - 영아들이 먹고 싶어하는 반찬을 먼저 먹고 나물은 먹지 않으려 하자 교사가 양을 줄여 줌	나물을 먹고 싶어 하지 않는 영아들이 많아서 처음에 있던 양보다 덜어 준 후 조금씩 나누어 제공함
12:15~15:00 낮잠 준비 및 낮잠	• 이 닦기 및 기저귀 갈이 시 보조 교사로 참여하여 도움 - 자신의 차례에 교사의 도움을 받아 양치질을 할 수 있도록 보조 교사로 참여하여 도움 - 세수하고 로션 바르기 - 잠옷이나 편안한 곳으로 갈아입고 제한된 영역에서 블록과 책을 통하여 조용한 놀이 즐기기	영아가 이 닦기, 세수하고 로션 바르기를 할 때 도움을 주었으나 혼자 해보겠다고 하는 영아들이 있어 영아 스스로 로션을 바를 수 있도록 손에 로션을 주었고 교사가 도와줌

시간 및 일과	활동 계획 및 실행	평가 및 유의점
15:00~15:30 낮잠 깨기 및 정리 정돈/ 기저귀 갈기	• 내 이불, 내 베개를 찾아요 - 영아가 옷을 갈아입는 것까지 낮잠 준비를 모두 마치면 이불을 깔아 주면서 영아 개별의 이름을 불러 줌 - '○○베개는 어디에 있나요?', '이불은 어디에 있을까' 하고 자신의 이불과 베개를 찾아 볼 수 있도록 함	대부분의 영아들이 자신의 베개와 이불을 찾을 수 있었음
15:30~16:00 오후 간식	• 손 씻기 및 오후 간식(단호박범벅)	호박을 먹는 것에 대해 거부감 없이 잘 먹었고 더 달라고 손짓과 말소리로 의사를 표현함
16:00~17:30 오후 실내 · 외 자유놀이	• 오후 실내자유놀이 - 신체 영역: 둥근 고리 끼우기 놀이해요 - 언어 영역: 울퉁불퉁 종이에 끼적여요 - 감각 · 탐색 영역: 누구의 기저귀일까요? - 역할 · 쌓기 영역: 밀가루 반죽에 빨대를 꽂아요 • 오후 실외자유놀이 - 유희실에서 놀이를 함	교사가 오전에 끼적거리기 했던 종이를 바닥에 붙이고 그 위에 투명 비닐을 덮어 게시하자 영아들이 함께 작품을 공유하며 자신들이 한 활동에 대한 만족감을 나타냄
~19:30 귀가 및 가정과의 연계	• 영아는 통합 보육실에 가서 놀이를 하다 부모님이 오시면 통합 보육 선생님께 인사를 하고 귀가	
실습생 평가	• 실외놀이에서 정리 후 실내로 이동할 때 단순히 정리하는 것이 아니라 놀이로 연결하여 활동을 진행함으로 영아들이 정리와 자신의 신변을 처리하는 것을 즐겁게 참여하였다. 일상적인 하루 일과를 진행하면서도 영아의 개별적 발달을 고려하여 관심과 흥미에 적절히 반응하여 기본 생활 습관지도로 연결하는 것을 배울 수 있었다. • 한 영역에 오래 머물지 못하는 영아의 특성을 고려하여 영역 간 연계할 수 있는 활동이 진행됨으로 안정적인 교실 운영을 경험한다.	
지도 교사 조언 및 평가	• 영아에게 하루 일과의 흐름을 활동 중심으로 나누어 진행하는 것보다 개별적인 흥미나 발달 수준을 고려하여 개별적인 활동으로 진행하는 것이 적절합니다. 따라서 놀이 후 정리도 개별적인 놀이가 끝난 후에 자연스럽게 이루어져야 하며, 영역 간의 구분을 나누어 놀이하기보다 자연스럽게 흥미를 나타내면 놀이의 흐름을 지속하도록 영역 간에 연계가 이루어지도록 계획하는 것이 중요합니다.	

출처: 한국보육진흥원(2013).

⑱ 주간 보육 계획안

주간 보육 계획안

* 해당 실습 기관의 계획안을 그대로 사용해도 됩니다.

기간:
주제:
교육 목표 (만 세)

요일		월	화	수	목	금
등원 및 맞이하기						
실내자유선택활동	조형 영역					
	쌓기 영역					
	역할 영역					
	언어 영역					
	수 · 과학 · 조작 영역					
	음률 영역					
대 · 소집단 활동						
점심 식사 및 낮잠						
오후 실내 · 외 자유선택 활동						
기본 생활 습관						
안전교육 활동						

⑲ 월간 보육 계획안

월간 보육 계획안

* 해당 실습 기관의 계획안을 그대로 사용해도 됩니다.

주제				
기간				
목표				

주 \ 활동		1주	2주	3주	4주
실내자유선택활동	언어				
	미술				
	역할				
	쌓기				
	수 · 조작				
	과학				
	음률				
대 · 소집단활동	이야기나누기				
	동시 · 동화				
	게임 · 신체				
	요리				
	새노래				
	음악 · 명화 감상				
점심 및 휴식					

주 \ 활동	1주	2주	3주	4주
실외 활동				
자연친화교육				
오후 자유선택 활동				
귀가 및 가정과의 연계				
안전 · 영양교육				
기본 생활 습관				
행사				

연간 보육 계획안

월	월 주제	주	소주제	월	월 주제	주	소주제
3	어린이집과 친구	1	새로운 환경	9	세계 속의 우리나라	1	우리나라 사람들의 생활/추석
		2	약속이 있어요			2	흥겨운 전통놀이
		3	친구와 놀이해요			3	우리나라의 놀이와 예술
		4	나도 할 수 있어요			4	우리나라의 역사와 자랑거리
4	봄과 동식물	1	봄이 왔어요	10	가을	1	가을 날씨 느끼기
		2	식물과 우리의 생활			2	가을 풍경 즐기기
		3	봄의 동물			3	풍성한 가을
		4	동물과 우리의 생활			4	가을 나들이
		5	자연과 더불어 사는 우리			5	가을과 여러 가지 색
5	나와 가족	1	나의 몸과 마음	11	환경과 생활	1	물과 우리 생활
		2	소중한 나			2	돌, 흙과 우리 생활
		3	소중한 가족			3	바람, 공기와 우리 생활
		4	행복한 우리 집			4	빛, 소리와 우리 생활
6	우리 동네	1	우리 동네 모습	12	겨울	1	겨울 날씨 느끼기
		2	우리 동네 생활			2	겨울 풍경 즐기기
		3	우리 동네 사람들			3	눈과 눈사람
		4	우리 동네 공공 기관			4	사랑을 나눠요
7	여름과 건강	1	여름 날씨 느끼기			5	건강한 겨울나기/새해가 되었어요
		2	여름 풍경 즐기기	2015 1	생활 도구	1	다양한 생활 도구1
		3	더운 여름 나기			2	다양한 생활 도구2
		4	즐거운 운동과 휴식			3	생활 도구를 움직이는 힘
		5	맛있는 음식과 건강			4	생활 도구로서의 미디어
8	교통기관과 안전	1	여러 가지 육상 교통기관	2015 2	형님반에 가요	1	많이 컸어요
		2	항공/해상 교통기관			2	즐거웠던 우리 반
		3	즐거운 교통생활			3	설날
		4	교통 안전을 지켜요			4	형님반에 가요

실습비 영수증

안녕하십니까?

저희 ○○ 대학교 ○○○○과에서는 보육실습을 귀 기관에 의뢰하게 되었습니다.

보육실습 기간은 20　　년　　월　　일부터 20　　년　　월　　일까지 총 6주입니다.

보육실습 의뢰를 허락하여 주신 원장님께 깊은 감사를 드립니다.

그리고 실습의 중요성을 감안하여 00대학교에서는 보육실습 지도비가 1인당 ○○원씩으로 인상 책정되었습니다. 보육실습지도비로는 부족하지만 원장님께서 우수한 교사를 양성하고 아울러 영유아교육 사업에 기여한다는 뜻으로 널리 양해하여 주시기 바랍니다.

다시 한 번 실습을 허락하여 주신 원장님과 선생님들께 감사드리며, 저희 학생들의 지도를 부탁드립니다.

○○ 대학교 ○○○○과 학과장 드림

영수증

보육실습지도비:　　　　　　　　　　원정 (　　명 X　　　　원)

위의 금액을 보육실습을 위한 실습지도비로 정히 영수함.

년　　월　　일

________________ **원장** (직인)

○○ 대학교 귀하

[별지 제12호 서식]

성범죄 경력 조회 및 아동 학대 관련 범죄 전력 조회 동의서

대상자	성명			
	주민등록번호 (외국인의 경우 생년월일)	–	외국인등록번호 (외국인인의 경우만 기입)	
	연락처 (휴대폰 등)			

본인은 ○○ 기관(시설)(예: 유치원, 어린이집, 아동 복지 시설, 청소년 쉼터, 청소년 활동 시설, 의료 기관 등) 취업자(취업 예정자)로서, 「아동 · 청소년의성보호에관한법률」 제56조 및 같은 법 시행령 제25조에 따른 성범죄 경력 조회,「아동복지법」 제29조의 3에 따른 아동 학대 범죄 전력 조회 신청에 동의합니다.

년 월 일장

동의자 (서명 또는 인)

________ **경찰서장 귀하**

유의 사항

1. 개인 정보 수집 항목: *표 항목(성명, 주민등록번호, 외국인의 경우 외국인등록번호)
2. 대상자가 외국인의 경우 성명(영문), 외국인등록번호를 적습니다.
3. 개인 정보 제공 거부에 따른 제한 사항: 귀하는 개인 정보 제공 동의를 거부할 권리가 있으나, 동의 거부 시에는 취업에 제한을 받을 수 있습니다.
4. 개인 정보의 보유: 수집된 고객의 개인 정보는 성범죄 경력 조회 신청 등을 위하여 사용됩니다.

210㎜×297㎜[백상지 80g/㎡(재활용품)]

강문숙, 김두규(2017). 인적자원개발을 위한 예비교사들의 영유아, 교사, 원장에 대한 이미지 분석; 보육실습 전과 후를 중심으로. 교육혁신연구, 27(3), 43-65.

강미희, 이민경, 최혜윤(2010). 유아교사를 위한 현장교육실습이해와 교육실습일지. 경기: 정민사.

교육과학기술부(2016). 교원자격검정 실무편람. 교육부 교원복지연수과.

교육부(2017a). 2017년도 교원자격검정 실무편람.

교육부(2017b). 교원자격검정령 시행규칙.

교육부, 산학협력정책연구소(2017). 대학생 현장실습 운영 매뉴얼.

김경회, 한성희, 김혜금(2010). 영유아 관찰 및 실습. 경기: 정민사.

김민정(2014). 수업방법개선 보고서. 서울연광초등학교 병설유치원.

김보영, 방소영, 황혜경(2017). 보육실습. 경기: 양서원.

김선영, 서원경(2010). 보육실습. 서울: 교문사.

김수향, 손지향, 안지령, 오선영, 이용주, 이은진(2016). 예비유아교사를 위한 유아교육기관 현장실습. 동문사.

김유정, 유은석, 하정희(2011). 영유아교육기관의 실습지도. 고양: 공동체.

김현수(2016). 교육실습과정 중 예비유아교사가 형성한 실천적 지식과 그 형성과정에 관한 탐구: 교사-유아 상호작용에서의 교사역할을 중심으로. 열린유아교육연구, 24(1), 275-302.

김형경(2006). 천개의 공감. 서울: 사람풍경.

김형경(2015). 소중한 경험. 서울: 사람풍경.

김혜원(2016). 교육실습 중 예비유아교사의 어려움과 갈등의 해결과정 탐색. 어린이문학교육연구, 17(4), 537-558.

남옥자, 선미현(2008). 유치원 실습지도교사의 전문성 발달에 따른 실습지도 관련 스트레스. 교원교육, 24(2), 120-136.

류진희(2000). 교육실습과 교육활동. 경기: 양서원.

박부숙, 박윤조(2017). 보육교사를 위한 6주 보육실습. 서울: 동문사.

박은혜, 조운주(2006). 박성적 실천을 위한 유아교육실습. 서울: 창지사.

박은혜, 조운주(2014). 반성적 실천을 위한 유아교육실습. 서울: 창지사.

박찬옥, 정남미, 곽현주(2012). 놀이지도. 서울: 정민사.

보건복지부(2012). 5세 누리과정에 기초한 어린이집 프로그램.

보건복지부(2017). 양성기관에서의 보육실습지도.

보건복지부(2017). 어린이집에서의 보육실습지도.

보건복지부, 한국보육진흥원(2017). 양성교육기관에서의 보육실습지도.

서울특별시교육청(2017). 유치원 교육과정 및 유아평가.

석은조, 오성숙(2017). 예비유아교사를 위한 학교현장실습. 경기: 양성원.

송문영(2015). 협력형 컨설팅을 통한 유치원 수업방법 개선. 서울신창초등학교 병설유치원.

안지영(2015). 예비유아교사가 교육실습에서 경험하는 유아와의 관계맺기의 의미. 유아교육학논집, 19(5), 393-417.

염지숙(2003). 유아교육실습: 예비교사들의 경험이야기. 한국교원교육연구. 20(2), 223-248.

유병예, 양성은(2013). 예비보육교사의 실습 경험에 관한 과정 분석. 한국보육지원학회지. 9(3), 95-119.

윤혜경(2016). 보육실습 워크북. 서울: 동문사.

윤희경(2007). 전문대학 유아교육과 실습생이 보육실습에서 경험한 갈등 분석. 영유아교육연구, 10, 33-54.

윤희경, 최경애, 조유나, 조혜경, 황혜경, 오애순, 이정란(2011). 보육실습. 서울: 창지사.

이명순(2001). 두 교육 실습생 경험의 의미. 유아교육학논집. 5(1). 141-164.

이무석(2008). 정신분석에로의 초대. 서울: 이유.

이미화, 강은진, 김은영, 김길숙, 엄지원(2014). 보육교사 양성과정 및 보육실습 매뉴얼 연구. 보건복지부 육아정책연구소.

이소영(2013). 유치원 수업방법 개선연구. 서울노일유치원.

이승은, 김정주(2017). 유치원 실습지도교사의 사전사후실습 지도경험 및 실습프로그램에 대한 인식. 한국교원교육연구, 34(2), 193-220.

이연섭, 이석순, 박은미, 이명순, 손혜숙(2004). 유아현장실습, 서울: 교육과학사.

이진화, 유준호(2009). 교육실습에서 나타난 예비유아교사 정서의 의미. 육아지원연구, 4(1), 47-68.

임부연, 오정희(2009). 영유아 교수 · 학습 방법. 서울: 동문사.

전경원, 황혜성(2004). 창의적 문제해결을 중심으로 한 유아교육실습의 이론과 실제. 서울: 교문사.

정남미(2015). 유아교육실습. 정민사.

정연희, 오임숙, 이은숙(2013). 예비유아교사를 위한 교육 · 보육 실습. 서울: 창지사.

조채영, 좌승화(2014). 예비유아교사가 교육실습에서 경험한 갈등에 대한 연구. 생태유아교육연구, 13(2), 193-213.

차영숙, 강민정, 유희정(2011). 예비유아교사들이 교육실습과정에서 겪는 어려움과 긍정적 경험. 유아교육학논집, 15(3), 369-394.

최일선, 박해미, 이진화(2009). 영유아 교사를 위한 교재 교구 연구 및 지도법. 서울: 교육아카데미.

한국보육진흥원(2010). 표준보육실습 지도지침. 서울: 한국보육진흥원.

한국보육진흥원(2013). 양성교육기관에서의 보육실습 지도. 서울: 한국보육진흥원.

한국보육진흥원(2013). 어린이집에서의 보육실습 지도. 서울: 한국보육진흥원.

한국보육진흥원(2015). 양성교육기관에서의 보육실습 지도. 서울: 한국보육진흥원.

한민경(2009). 예비유아교사가 인식하는 유치원 교육실습 지도교사에 대한 신뢰의 형성요인. 열린유아교육연구, 14(3), 245-269.

저자 소개

이석순

문학박사(유아교육학 전공)
현재 수원여자대학교 유아교육과 교수
저서) 유아발달, 유아사회교육, 교육실습

박은미

이학박사(유아교육학 전공)
현재 안산대학교 유아교육과 교수
안산대학교 부설 석학유치원장
저서) 유아발달, 유아사회교육, 교육실습, 보육과정

손혜숙

문학박사(유아교육학 전공)
현재 경인여자대학교 유아교육과 교수
저서) 유아교육개론, 유아발달, 아동문학교육, 유치원교사를 위한 교직실무

김현주

문학박사(유아교육학 전공)
현재 대림대학교 유아교육과 교수
저서) 유아교사론, 보육교사인성론, 유아교육개론, 유아교사를 위한 논리창의 교육

김명하

문학박사(유아교육학 전공)
현재 안산대학교 유아교육과 교수
저서) 유아교육개론, 교류분석적 접근을 통한 자살 상담과 치료, 우리동네어린이도서관 101% 활용법

영유아교육기관 현장실습

2018년 9월 15일 초판 인쇄 | 2018년 9월 20일 초판 발행

지은이 이석순·박은미·손혜숙·김현주·김명하 | **펴낸이** 유제구 | **펴낸곳** 파워북
주소 경기도 고양시 일산동구 호수로 358-25 동문타워2차 529호 | **전화** 02-730-1412 | **팩스** 031-908-1410
등록 1997. 1. 31. 제2014-000067호
ISBN 978-89-8160-365-6 (93370) | 값 16,000원

* 잘못된 책은 바꿔 드립니다.